U0114394

藍帶美廚小貝
58 夢想成真

袁小貝——著

藍帶美廚小貝 58 夢想成真

00　序 ……………………………………………………………… 004

01　不計代價的夢想 …………………………………………… 006

02　藍帶美廚民宿 ……………………………………………… 015

03　第一個代價 ………………………………………………… 024

04　料理初級班開學日 ………………………………………… 030

05　法式料理的靈魂─醬汁、高湯 ………………………… 041

06　朋友還是老的好，但陌生人也可能是貴人 …………… 046

07　實作廚房大哭後的轉變 ………………………………… 058

08　從屠夫到外科醫師到指揮家 …………………………… 064

09　料理背後的故事讓這道菜更有味道 …………………… 074

10　中級班帶我們環繞法國學習各地料理 ………………… 082

11　馬鈴薯的作法千奇百怪 ………………………………… 101

12　廚房裡的烏龍笑話是緩解氣氛的好妙方 ……………… 110

13　歐陸融合料理 …………………………………………… 116

14　爭取主廚秀志工一舉兩得，既可近距離學習，還換得旁聽機會 … 128

15　我的擺盤天份來自辦家家酒 …………………………… 137

16　高級班─創意料理的開始 ……………………………… 154

17　八個月後的成果展 ……………………………………… 169

18　九個月歷經三次期中評量與期末考，從無比緊張到胸有成竹 … 186

19　人生中真正讓人戴高帽子的畢業典禮 ………………… 197

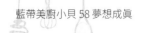

序

這不是一本料理書

而是一個 58 歲的料理小白

學習法式料理的心路歷程

就因為是一個半明眼人

才能夠下決心

有時候不完美甚至是缺陷

反而成就一個夢想的實現

讓我開始說說我的故事……

01
不計代價的夢想

2022 年秋天

　　師丈：乖看這本書，「心想事成」。

　　小貝：好舊喔！要不要回收啦？

　　師丈：妳知道心想事成其實只有一個關鍵的秘訣嗎？那就是「不計代價」的夢想。

　　小貝：什麼叫「不計代價」？

　　師丈：就是沒有「可是」。舉例，我們常聽人說「我的夢想是環遊世界」，當我說好啊！馬上打包行李訂機票，說走就走！對方就會出來一大堆的「可是」。「可是」我明天還要工作啊！「可是」我的孩子還在唸書啊！「可是」我的錢還沒存夠啊！……

　　小貝：喔！我懂了。只要有「可是」，就不算「不計代價」，就不會

▲ 心想事成一書

達成。有道理！咦？不如我們想一想，然後明天我們互相來說一個「不計代價的夢想」，好不好？

　　師丈：嗯。

第二天

　　小貝：你先說。

　　師丈：我有很多夢想，但就如同我說的，背後總有一堆的可是，所以讓我再思考一段時間。

▲ 教書的我

小貝：那我要說囉！聽好囉！「我要到法國巴黎9個月」「念藍帶法式料理」。

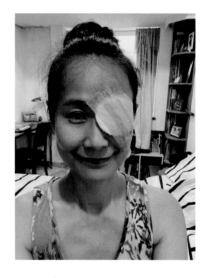

師丈：什麼？藍帶？法國？9個月？一個人？小貝，妳每天連睡覺都要人陪的，我們要分開9個月，可能嗎？

小貝：我都想過了，我的眼睛越來越差，也許兩年後我就什麼都看不到了，儘管我很愛我的教書工作，但我不能把我可能僅剩兩年的眼睛繼續放在教書上。是你說「不計代價的夢想」，所以我決定休息9個月，我仔細算了，如果你願意中間跟畢業來一趟巴黎，那我們其實只分開4個月。如果我不在身邊你就變心了，就表示我們的緣分不夠，如果我受傷了，如果我生病了……，反正我都想過了，我會對自己負責，會讓你放心的。

當天晚上

師丈：如果這真是妳不計代價的夢想，我答應。但是，不用去巴黎，台灣就有藍帶。我上網做了功課，法國藍帶1895年創校，是法國料理學院的龍頭，人說拿到法國藍帶的證書文憑等於擁有一個進米其林法餐的護照通行證。除了巴黎母校，在全世界20多個國家都有分校，一樣的課程，一樣的廚具，一樣

▲ 窗台前的討論

的法國主廚，原汁原味搬到各國分校。台灣在 2013 年首度招生，一班最多 16 個人，學費加生活費幾乎只有巴黎倫敦的一半。在巴黎倫敦 9 個月學費要 135 萬，高雄只需要 86 萬。……

我知道師丈看出了我的決心，才會這麼仔細的查資料，他是一個全心專注在醫學救人上的博士醫生，對吃一點也不講究，平時從飯到湯甚至甜點，就一個鋼碗搞定。不像我，吃個早餐，喝個咖啡，從餐點到杯子盤子，刀叉湯匙甚至音樂，都充滿了儀式感。師丈懂基因編輯，懂癌幹細胞，懂量子糾纏，就不懂什麼是藍帶？但這次為了老婆「不計代價」的夢想，他上網搜尋各種歷史資料，好評負評，就為了確認幫我「安全的」完成多少人說不出來的，這麼堅定的「不計代價的夢想」。

我立刻選定了明年（2023）一月春季班的料理課程（1/3-

9/28）然後立馬上藍帶官網預約週五參觀校園，並且上網看學校附近的房子。設立夢想的我沒有一個「可是」，但保護我安全的師丈可是有一堆的「可是」我必須配合，尤其最基本的是，房子一定要租在走路 10 分鐘內的距離，一切安全第一。

週末秘密的高雄之旅

我真會選日子，遇上了冬季班的新生開課日，一邊參觀校園，一邊正是法國甜點主廚 Florian 帶著新生介紹廚房。對了，他不就是藍帶影片裡那位得到巧克力奧斯卡獎的 Chef 嗎？重要的是當初師丈擔心我沒有料理經驗不確定能報名時，我們看到 Chef Florian 在影片裡剛好回答了我："All they need is just passion, we will teach them everything else." 他們唯一需要的就是熱情，其他的一切我們會教給他們。就是這段話，讓我這個沒有經驗的料理小白憑著熱情充滿信心的前往藍帶。

走進藍帶學院，一樓是全世界統一標準的兩間藍帶料理廚房（一個是電磁爐廚房，一個是自己點火的瓦斯爐廚房）每位學員有自己的工作台、冰箱跟轉身背後的四個爐口加一個標準烤箱。廚房前後還有各式大型烤箱、冷凍櫃、專業的機器及無數的鍋具……等等。紅藍棕黃四種不同顏色的菜板大大的橫列在工作台上，身在其中，已經隱約看到一個充滿學員的熱鬧廚房，而我即將身在其中，夢想逐漸化為真實，完全掩蓋不了我興奮的心情。雖然不在巴黎母校，但全世界的藍帶廚房擁有一樣等級的設備，頂級料理學院的名聲還真不是開玩笑的。

▲ 瓦斯爐廚房 　　▼ 電爐廚房（感謝台灣藍帶授權照片之使用）

▲ 大面反射鏡

▼ 料理示範教室

（感謝台灣藍帶授權照片之使用）

更衣室跟理論課教室，還有甜點班的兩個實作廚房都在二樓，最最重要的是來到兩間專業寬敞的示範教室，一大面鏡子反射出 Chef 的動作，加上左右跟四週環繞著近距離拍攝的大螢幕，不知不覺已經開始幻想著我未來的法國 Chef 在台前，一邊示範料理，我在台下一邊學習的畫面。師丈叫我一聲把我從幻想中拉回現實。

　　「妳的眼睛這樣的距離可以嗎？」

　　他對著經理 Bryan 說「你們的學員平均幾歲啊？」「Jennifer 開學就 58 歲了，又有家族遺傳的眼睛障礙，左眼看東西扭曲變形，雙眼視野有破洞，看東西沒有立體感……，確定可以報名嗎？在家吃她的料理常常要等一兩個小時，這樣慢動作沒經驗的學員確定可以上課嗎？」

　　我在想這可能是師丈潛意識裡最後可以澆熄我夢想的唯一機會了。但經理 Bryan 對藍帶的信心就跟我「不計代價」的夢想是一樣的堅定，於是我們領了報名表在南台灣晴朗的天空下興奮的踏出校園，直奔附近住宅區開始尋找我即將移居一年的公寓。

　　當天晚上在飯店裡我毫無猶豫的寫下了我的申請動機信：

　　　　我是一位「英文老師」，也是一位熱愛法國文化的「法文學生」。從葡萄酒到料理，像是我生活的畫筆，讓我即使生在台灣一樣過著法式優雅的生活。年過半百的我，孩子們都各自離家獨立生活，我和先生

過著簡單出世的靈修生活，教書、學法文、練太極和健康料理佔據了我大部分的時間。由於家族遺傳，我的雙眼因「感光細胞失養症」而逐漸惡化，我問自己，這一生到今天我還有什麼未達成的夢想呢？我完全不需思考的脫口而出：在我的視力還能作用時，我願意暫停我熱愛的教學工作，到法國一年「進修我的法文」並「學習法式料理」。感謝我有一位永遠鼓勵我、支持我，充滿智慧博學的先生，聽到我的夢想，不但肯定，更願意幫助我實現它。然而全球 COVID 的衝擊跟歐洲越發緊張的情勢，在他擔心我隻身到歐洲的同時，意外發現「法國藍帶學院」早已在台設立分校，雖然不在台北、不在巴黎，但能親身跟法國主廚學習料理，又是全世界最頂級的料理學院，我的夢想之門不就正在我眼前開著嗎？我也許沒有什麼料理天份，但我肯定有 100 分的熱情與認真努力的個性。我會將我在藍帶學習的過程紀錄成書，幫助全世界喜愛法式料理及法國飲食哲學的人們。

中國有句古話：「民以食為天」；法國人則說：Vous êtes ce que vous mangez！對我而言，進入藍帶學院不僅是學習料理，更是我後半人生的一個美麗起點。謝謝藍帶！Merci, le Cordon Bleu！

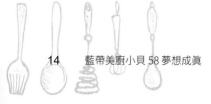

02
藍帶美廚民宿

　　早就在網路上做好租屋的功課，開始跟房東們約時間見面，偏偏最喜歡的那間房東特別大牌，電話裡說：「妳不是一月才開學，現在才 10 月，妳等 12 月底再來看。我這個週末沒空。」沒等我解釋，就掛了我的電話。南台灣的人說話都如天氣般這麼酷（熱）的嗎？我氣的留話：「你這人有問題嗎？不想租就直說，幹嘛這種態度……。」但我的第六感讓我熱切想看這個房子，就換個人讓師丈給這個沒禮貌的直男打電話試試看，果然雄壯威武的聲音奏效，但我們得找地方住一晚到隔天下午大牌的房東才有空。

　　多留的這一晚讓我看到全新的高雄，其實是跟我印象裡 18 年前的高雄比起來。愛河兩旁轟立著一個巨型看似蜂窩般其實是大齒輪的白色建築物，整個震撼人的音樂廳像是突然從土裡冒出來一般。從旁駛來的輕軌像是穿了彩衣的巨型毛毛蟲緩緩爬來，還會很有禮貌的停下來等行人過馬路，感覺走進童話世界。雖然沒有到巴黎母校上藍帶，眼前的高雄對小貝來說也是

一個尚未探索的新城市，一種新奇又緊張的心情期待明天看屋
順利。

▲ 高雄新面貌

第二天下午

　　這是一棟 5 樓的透天改裝成一間間漂亮乾淨的大小套房出租，離學校走路才 5 分鐘，對面是小學，早晚有校警跟志工管制交通，完全符合師丈安全性的第一考量。師丈答應幫我佈置一個簡單的廚房跟洗碗槽彌補了我沒有正式廚房的小小遺憾，就是這一間了。當師丈談妥租金跟所有條件後跟房東說，我太太才是承租人，你們交換 LINE 吧！這時候房東才猛然發現我就是那個壞脾氣留話的房客，兩人一陣小尷尬，但看看雙方都不是壞人，還真讓我領教了高雄人的直爽。一切順利，就等回台北在家族聚餐的時候宣布我的驚人決定啦！

▲ 媽咪與我

　　回台北的路上，想著今年前半年，媽咪剛離開到天上當小天使，我的眼睛經不起常常流淚惡化得更厲害，整個人有一種不知道為了什麼繼續過日子的感覺，每天早晨一睜看眼睛，第一個念頭，「我怎麼還是活著啊？」只想逃避再繼續睡著。大概就是那種再親的人也體會不出來的憂鬱吧？！

這一路上我跟天上的媽咪說：「媽咪一定最開心最支持我念藍帶的對嗎？這次跟妳 2007 年陪我去舊金山念書可不一樣，這次妳的陪伴是無時不在，無所不在。我學的，我做的，我體驗的人生，都將有妳的參與，因為小貝這種一輩子愛當學生的個性就是活生生的妳啊！？」從今天起，每天起床，立即也有的第一個念頭「還是活著真好，我的夢想有媽咪陪著我一起完成喔！我可是下了決心吃苦的，媽咪可別偷懶叫累喔！」

　　有師丈的支持，好像每個人都放心的只有積極鼓勵。

　　大姐：等妳學成，我幫妳安排那些老闆級的饕客，妳要做高檔法式私廚……，不過妳的眼睛自己一定要小心，天黑了趕快回家，還有不要穿得太漂亮……。

　　小妹：我在墾丁開民宿的夢想搭配二姐的法餐簡直無敵……。

　　兒子小飛：媽做什麼都超認真，一定沒問題，但不要累到囉！

　　Purple：妳太漂亮，法國人又那麼浪漫，太危險了。（哈哈，殊不知法國人不危險，廚房才危險啦！）

　　May：小貝真棒，給我帳號，我要贊助小貝獎學金……。

　　Afu：小貝最棒了，不是每個人都說得出自己「不計代價的夢想」更珍貴的是妳總是即刻行動……。

　　Eddy：妳是我少數幾位女性朋友裡，總是有決心有毅力有能力達成自己夢想跟目標的人，妳完全不用緊張……。

　　支持鼓勵人很容易，但親身經歷面對未知挑戰的是自己，興奮又緊張的心還不知道第一個代價即將來到……。

來到高雄的第一個早餐

　　搬完整理完已經是半夜12點半。老公上下4層樓梯搬運了超過30趟，只讓我整理，不讓搬，真的感動！剛開始還積極正面說：「就當作到了左營陸戰隊新兵訓練啦！」搬到最後只能說：「妳的不計代價就是我的痠痛代價啊！」

　　師丈照計劃幫我佈置了一個簡單但功能性十足的廚房跟洗碗槽，重要的是還得加燈管照亮每個地方。為了滿足OCD強迫症的小貝，還帶足了所有需要的鍋碗杯盤、書桌書櫃跟需要的書跟雜誌，最後連樓梯幾階都幫我計算得清清楚楚，就為了安全第一。

　　老公覺得我有室內「佈置」的天份，就像我喜歡「法式料理擺盤」，有異曲同工之妙。其實小貝真沒花什麼錢買什麼東西，都是家裡跟媽咪遺留下

▲ 師丈爬上爬下為我裝燈加亮

▲ 佈置鍋具擺放

▲ 餐具杯盤一應俱全

▲ 我的迷你廚房

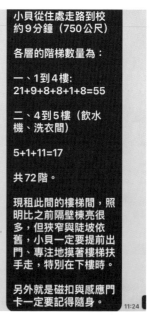

小貝從住處走路到校約9分鐘（750公尺）

各層的階梯數量為：

一、1到4樓：
21+9+8+8+1+8=55

二、4到5樓（飲水機、洗衣間）

5+1+11=17

共72階。

現租此間的樓梯間，照明比之前隔壁棟亮很多，但狹窄與陡坡依舊，小貝一定要提前出門、專注地摸著樓梯扶手走，特別在下樓時。

另外就是磁扣與感應門卡一定要記得隨身。

11:24

▲ 師丈細心的計算與提醒

來的舊東西。遠在澳洲的老弟跟上海的大姐說「家裡有的能用就儘量拿去」，可也真符合老公格言「物盡其用」！我相信天上的媽咪才最開心呢，當我用著這些媽咪留下的舊東西時，真的（起雞皮疙瘩般）感到媽咪（的意識）也來到高雄與我同在了。

我跟老公替這個將陪伴小貝一年的小屋取了一個名字「藍帶美廚民宿」。相信我，昨天簽約時的陽春空屋真的夠平凡不起眼，但我一看就立刻「有靈感」怎麼佈置了，厲害的是，所有的東西看屋簽約前早就都已經搬在車上期待簽約後立刻入住！

此刻當我們夫妻倆坐在溫馨舒服的陽台躺椅上，望著南台灣的藍天白雲，享受著「準」藍帶的健康早餐，一切辛苦都是甜蜜的！雖然我知道再美味的早餐也報答不了老公支持我的心

▲ 舒適的房間　　▲ 落地窗看出去我最愛的陽台

與汗水，但有一種夫妻一條心垃圾變黃金的感覺真好！想想一年前的此時此刻，我還陪著媽咪住在安寧病房，哪裡想得到一年後的今天是帶著媽咪的愛與勇氣來到陌生的南台灣，追求我的夢想！

我對眼前全身痠痛的師丈心中充滿著感激，突然發現老公的小心眼：這是一個讓小貝「完全不想出門的家」。這樣小貝除了「藍帶學院」跟「藍帶美廚民宿」外，哪兒都不會去啦！關心小貝的親友們也都可以放心了！

◀ 搬來高雄的第一個早餐

▼ 夫妻辛苦後的甜蜜咖啡

▲ 藍帶美廚民宿早餐

03
第一個代價

2022 年聖誕節前夕

　　這樣來來回回南北高鐵好幾回，直到一天清晨，我照慣例天微亮就醒來，看著帶著厚厚眼罩耳塞還在熟睡的師丈，感動他這麼忙還是撥空南下陪我，一向不喝茶的我，決定泡一大壺熱騰騰的烏龍茶給愛喝茶的師丈。先將煮滾的沸水整壺倒進這個全新漂亮的玻璃大水瓶，然後舉起大玻璃瓶準備倒入茶杯時，怎麼有一個清脆的玻璃擊碎聲，還來不及查明聲音來處，瞬間整瓶沸水如瀑布般的直直沖上我的大腿上。一切來得太快，同時也像分解慢動

▲ 底盤破裂的玻璃水瓶

作般的一個個鏡頭歷歷在目，我立刻痛的大叫師丈，然後邊跳邊拉扯我的睡褲，極力脫掉它，但我緊張到拉扯了半天才脫下來，再衝向浴室抓起蓮蓬頭拼命沖水。師丈戴著耳塞，抬頭睜眼完全不解發生了什麼事，就像看默劇似的看著我在地板上跳來跳去，以為我不過就是頑皮的在跳舞逗他起床，直到拿掉耳塞知道發生了什麼事，已經太晚了！

我沖水時才發現脫褲子時把好幾片皮都撕下來了，看著一片血粉色的肉露出來，師丈衝進來已經來不及阻止悲劇第二次發生。「妳不知道沖脫泡蓋送的口訣嗎？怎麼能先脫呢？」「什麼？什麼口訣？來不及啦，好痛喔，現在該怎麼辦……」

小港醫院急診室

急診醫師專業熟練的邊「照相」邊「測量」燙傷部位跟尺寸。公式般的問「在工作場合還是在家燙的？」「有沒有保險？」「不能碰水，明天範圍會更大」「先消毒處理傷口，打破傷風，明天回整形外科……」迅速精準的處理讓我目瞪口呆，原來這附近是工業區，每天都有被鍋爐燙傷，被機具壓傷的人求診，醫生已經見怪不怪了，我這輩子最嚴重的燙傷在他看來根本小事一樁。

大家最擔心的意外還沒開學就發生了，人為什麼說「下」廚房這麼危險，因為跟「下」地獄用的是一樣的動詞。廚房「刀」裡來「火」裡去的景象不正跟地獄裡的上「刀」山下「油」鍋一模一樣嗎？家人聽到我燙傷第一反應都說「唉！就說料理最

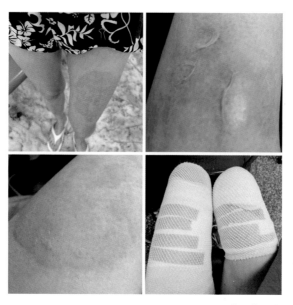

危險吧?」誰知道我真丟臉,還沒上戰場就掛彩,根本還沒進廚房。

　　我知道任何事情都不是偶然發生的,都是要教會我什麼?至少我學會了先沖再脫,我還知道怎麼換人工皮,怎麼處理滲出液,也還好南台灣的冬天根本熱到可以天天穿短褲,露出傷口!

因禍得福浪漫的聖誕節

　　絕不是苦肉計但卻很奏效,完全不浪漫的師丈的確是一位很有執行力的問題解決者。小貝原本希望有一個聖誕節氣氛的陽台,讓師丈換成環繞著聖誕燈跟音樂的臥房而更加浪漫!

▲ 溫暖的聖誕燈蓋住了燙傷的痛

聖誕節當天

師丈在聖誕節前夕返回台北，意思是我得度過生平第一個孤單的聖誕節。沒想到我的小天使乾妹妹，以醫美診所營運長的身分，南下高雄為一場聖誕熱紅酒講座開場致詞。燙傷的我正好可以到她的診所包紮，順便撒嬌讓她留下來陪我在南台灣過聖誕。誰知道行程緊湊的女強人一結束就要趕高鐵回台北參加教會的聖誕唱詩班。只見小貝淚灑醫務室，「妳真的要丟下受傷的姐一個人過聖誕嗎？」是的，天主教家庭的我從小跟著爸媽參加教堂的聖誕子夜彌撒，結束後喝著薑湯，吃著點心，領到聖誕禮物一直是我每年最期待的教堂活動。直到自己有了孩子，還會繼續這樣的傳統。可是今年真的只有我自己一個人帶著還發炎疼痛的雙腿，回到小窩裡看著聖誕燈自哀自憐嗎？

不，不能這麼消極，我已經逐漸接近我的夢想，我那不計代價的夢想，所以任何事件的發生跟任何順心不順心的安排都是成就夢想的一部分，端看我怎麼看待！就在我決定接受一切的安排時，意想不到的禮物來敲門。一位爸媽生前受到諸多照顧的教友王姐姐，因為先生在文藻大學任教，特地開車南下一同參加聖誕彌撒，聽說我受了傷一個人在高雄，人生地不熟，用不慣 Google map 的她，繞了大半天的路接了我一同參加西班牙神父主祭的聖誕彌撒。

學校的彌撒，特別溫馨，從戶外馬槽前聽神父說著小耶穌誕生的故事，到人手一根蠟燭遊行回到禮堂，聽著神父講道，唱著熟悉的聖誕詩歌，結束後再共聚一堂吃著點心，喝著薑湯。

▲ 馬槽前聽神父說故事

▲ 大學禮堂的聖誕彌撒

整個過程，完全忘了雙腿的疼痛跟孤單寂寞，我依然不停地流下眼淚，只是那不是疼痛難過的眼淚，而是感謝跟溫暖的眼淚。今年聖誕彌撒的氣氛就跟記憶中有爸媽在身邊的彌撒一模一樣，當我心中充滿了感謝跟敬畏，內心自然強大，想想我是帶著多少人的關心與祝福來到南台灣，在這麼一個歡慶的日子，關心我與我關心的人們，即使分散在世界各地，只要我的意念想到某個人，他就活生生的存在，意念的速度比音速光速快太多了，幾乎瞬間。是好是壞，是開心是憂傷，也在一念之間，我選擇一個感恩的心，我就立即擁有了一個美好的聖誕節！

04
料理初級班—開學日

開學日從迎新早午餐開始。好奇什麼樣的同學會來上藍帶料理？肯定跟我很不一樣。「我今年 27 歲，學的是電機工程……」「我家三代在宜蘭經營飯店，我從瑞士念了旅館觀光回來後改成了法式民宿餐廳……」「我 20 歲，高中畢業後決定不升學，直接來學料理……」「我是印尼華僑，大學資訊工程畢業，但喜歡料理，所以……」哇！我不僅以 58 歲年紀奪冠，都可以當他們的媽媽或奶奶了，就只憑著「熱情」真的可以嗎？輪到我了，師丈特別交代要讓大家知道我的「實際年齡」跟「眼睛障礙」，才不會造成錯覺，以為我也很年輕，這樣大家應該會對我比較容忍，我的學習壓力才不會太大。尤其是一大片燙傷疤痕的左腿是一定要特別提一下的。師丈的考慮周詳但藍帶的嚴格並不買單，「如果妳的傷口不能穿廚服是不能進教室的，更不能進廚房，當然妳可以請假……」「大家聽好，第一堂三小時示範課，8 點準時開門，學員們穿戴廚服整齊排隊進教室，遲到 15 分鐘就不得進教室，接著的三小時廚房實

作課也不能上，累計四次就退學不退學費……」學務處交代了一堆規則，領了夢想中的藍帶雙立人刀具組跟一套套的廚服，回到更衣室換裝，拍了人生中第一張身著廚服的學生照，心中忐忑但信心滿滿的看著鏡子裡的我，我的藍帶夢想就從這裡開始囉！

▲ 藍帶學院大門口

▲ 拍學生證照片

➤ 迎新早午餐
（感謝台灣藍帶授權
照片之使用）

第一堂下馬威，三小時教完感覺 12 個小時該教的內容，學完 14 種蔬菜基本切工 Taillage de légumes，小丁 Brunoise 是 3mmx3mm，大丁 Macedoine 是 5mmx5mm，還有粗絲 Jardinière 4cmx5mm 跟細絲 Julienne 5cmx1mm，切薄片 Emincer，細碎 Ciceler 跟碎泥 Hacher 可不一樣呢！香草束 Bouguet Garni 是熬高湯醬汁必備的組合（用韭蔥 leek 將西洋芹 celery 巴西里 parseley 百里香 thyme 跟月桂葉 bay leave 包起來，再用棉線綁住的漂亮花束）。調味蔬菜 Mirepoix（紅蘿蔔 carrot 洋蔥 onion 韭蔥 leek 西洋芹 celery 的大丁組合）可是將來幾乎每堂課製作醬汁炒香魚骨肉骨帶出鮮甜味的第一步。最後解剖一顆葡萄柚做成水果盅。這一切還得記住法文，Chef Sébastien 說「將來你們不論到世界哪一國的法式餐廳工作，Chef 要求你做的動作跟切工都會直接用法文」。這時還真是小慶幸自己學了幾年的法文終於派上用場。

▲ 香草束

▲ 分解葡萄柚

Chef 的英文口音很重，一些同學仰賴美女翻譯的中文，我則努力適應法國腔的英文。其實英文好的同學佔了便宜，等於可以聽兩次，因為等到翻譯中文時已經沒有搭配 Chef 示範的動作了，所以眼睛一定要睜大看仔細！

馬鈴薯跟紅白蘿蔔要削出各種胖瘦不一的橄欖狀，還取了可愛的名字，瘦瘦長長的叫做 Pomme Cocotte，懂法文的我知道那是 darling 的意思，我就決定叫她馬鈴薯公主，那種短一些胖一些的是 Pomme Chateau，那不是城堡的意思嗎？難怪比較粗大，這樣好記

▲ 橄欖狀的馬鈴薯配菜
▼ 轉削練習

多了。好記但還真不好削，常常越削越小就沒了，浪費了一堆食材只為了盤子上需要「三個」閃亮的橄欖狀馬鈴薯配菜。後來聰明的 Chef 問我「妳愛吃蘋果嗎？」「我很愛。」他建議我買很貴的蘋果來練習，我就不捨得浪費，幾次練習下來，果然進步神速。

示範課結束到廚房實作只有半小時的休息，更衣室穿好整套實作的廚服，再整理一下筆記跟刀具，還得快速衝進廁所，時間非常緊迫，尤其我這個一緊張就拉肚子的菜鳥，簡直暈頭轉向的。

▲ 我的工具箱（感謝台灣藍帶授權照片之使用）

▲ 刻有我名字的雙立人刀具

▲ 身著整套廚服準備上戰場的模樣（感謝台灣藍帶授權照片之使用）

一站上料理工作台，瞬間頭腦一片空白，明明是自己記的筆記，居然完全看不懂，Chef 突然叫醒我：「Jennifer, Look at your photos!」是的，瞬間醒了過來，再聽到「你們只有 2 小時 15 分鐘要做完所有切工。」又是一陣緊張，還好Chef宣布「聽好，這不是比賽，我要你們專注精細的切工，如果時間到了沒做完沒關係，不是搶快就好，第一週所有人的分數是一樣的。」跳出喉嚨的心又恢復平穩，但這麼忽冷忽熱三溫暖式的指令，實在有些吃不消。

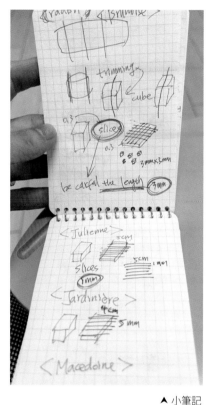

▲ 小筆記

怎麼也沒想到法式削皮刀這麼不上手，才驚覺我們的台式削皮刀又便宜又好用。Chef 體諒我們，但不是今天，第一天只得用法式傳統削皮刀，熟練了以後才能帶自己的工具。光一個葡萄柚從削皮刀取出一片片漂亮完整的水果肉瓣跟果皮細絲，足足用掉了我 50 分鐘，才開始對付紅白蘿蔔跟其他香料束的蔬菜。一有問題就大聲英法雙聲帶問 Chef：Excusez moi 不好意思！What knife should I use to remove the white pith? 我應該

用哪把刀來取出果肉旁的白絲？ I couldn't handle this peeler? 我真的不會用這種削皮刀！是的，年紀大了的確臉皮也成正比的變厚，顧不得形象，不懂就大聲問，只怕同學受不了！

　　工作台是每堂課抽籤決定，幸運的第一堂課左右護法都是已經拿到 9 個月甜點證書的老鳥，右邊從加州回來的 Eric 在我用刀背拍打大蒜的時候小聲的說：「姐，妳那是台式作法，小心被 Chef 看到喔！」左邊是爽朗直言的大眼美女 Amanda：「姐，妳不要緊張，安全第一。」其實我根本來不及抬頭看旁邊是誰，眼睛不好反而讓我聽力非常敏銳，先記住了他們兩個的聲音，頭也不太抬的完成作品。

　　及時交作品後 Chef 的評語：「品質很好，但時間過久，客人等不及啦，數量不夠，客人吃不飽啦。」

◀▲ 基本切功的作品

▲ 打了一天仗出校園的模樣

　　第一天就像打了仗似的披頭散髮，帶著寶貝成品跟剩餘食材回到藍帶美廚民宿。自創了「葡萄柚氣泡飲」跟「香草蔬菜湯」，難怪人說愛法式料理的女人不會胖，光是繁複的料理過程跟精細的擺盤設計，滿足了視覺跟心靈，已經吃不了多少了，確定落實了師丈推崇的 OMAD(One Meal A Day) 一日一餐的斷食計畫，哈哈哈哈！

▲ 陽台上展現今日作品

▲ 自創香草蔬菜湯

▲ 自創的葡萄柚氣泡飲

05
法式料理的靈魂—醬汁、高湯

　　都說法式醬汁複雜到是有家族排列的，高湯又是醬汁的基底，所以有母湯之稱號。

　　褐色高湯選用的是小牛骨，先進入烤箱烘烤呈褐色，再加入紅色系列的調味蔬菜（紅蘿蔔／洋蔥）進入烤箱再烤出鮮味。加入大量的水熬煮並撈除浮沫，隨後加入香草束、大蒜及番茄繼續熬煮 3-4 小時後過濾就完成了。

　　白色高湯指的是雞高湯，選用雞骨跟雞翅，用大量的水滾燙煮沸後加入調味蔬菜（紅蘿蔔／洋蔥／韭蔥）及香草束繼續熬煮並撈除浮沫，1 個半小時就可完成。

▲ 熬煮褐色高湯的材料

魚高湯，除了魚骨之外，選用白色系的調味蔬菜（不用紅蘿蔔）加上切片香菇跟香草束共同熬煮 20-25 分鐘即可完成。

製做完的高湯經過冷卻，豐富的膠質會自然結凍，可以分裝分次使用。

第一次做褐色高湯，過濾完的牛骨與蔬菜，評分完後，Chef 順手就把我這一鍋倒進回收的大桶，我大叫一聲：「No, I wanted to keep it!」我要留下來。

沒錯，大部分的同學不會保留剩餘的食材跟作品，但深受師丈「物盡其用」的感召，什麼剩餘的奶油，用了蛋黃剩下的蛋白，修切下來的紅蘿蔔跟菠菜梗都帶回家，都是藍帶美廚創意料理的原料呢！第一次熬褐色高湯的牛骨食材正好帶回家過年，加料繼續熬煮成一大鍋香濃的牛骨蔬菜湯餵養了一大家子呢！

醬汁幾乎是每堂課必做的項目之一，幾個月下來慢慢理出了一個頭緒，先看今天是哪一種主菜，如果是牛排羊排或豬里脊，我們修切下來的脂肪跟筋，或是分解整隻雞鴨魚剩下的雞骨、鴨骨跟魚骨就是醬汁的原始材料，可以用烤箱或鍋子炒至金黃後加入 Mirepoix 調味蔬菜炒軟後，依照食譜加入紅酒醋或白酒醋的目的是為了「刮出鍋底精華」，然後再以紅酒或白酒濃縮，若是白蘭地，還得用火槍焰燒一番。剛開始從沒拿過火槍的小貝，嚇得拼命閃躲，背著 Chef 求助同學，幾個月後可以優雅的輕鬆以對。等到濃縮夠了就該加入高湯繼續熬煮收汁，然後過濾掉所有食材後繼續收汁到完美，不論顏色、質地、

味道都非常講究。火候太大會讓質地混濁，沒有撈出過多浮沫會破壞醬汁口感與顏色，最後的調味也是成功的秘密，也許就差那麼一丁點卡宴辣椒粉或是番紅花就讓醬汁前後有如天壤之別。

▲ 各種不同的高湯與醬汁

我把自己喜歡的醬汁分為五大家族：

❶褐色系醬汁：

著名的波爾多紅酒醬汁就是將炒香的紅蔥頭加入波爾多紅酒收汁後再注入褐色小牛高湯熬煮而成的。

❷白色系醬汁：

Suprême 蘇伯罕姆醬汁就是麵粉奶油加上雞高湯再拌入鮮奶油而成的。

❸牛奶系醬汁：

Béchamel 白夏美醬汁是最基本的白醬，先拌炒一樣份量的麵粉與融化奶油（通稱 Roux），再加入牛奶（可以用丁香加月桂葉插上洋蔥熬煮過）後繼續攪打而成。如再加入 cheese 則成為有名的 Mornay 莫內醬汁。

❹奶油系醬汁：

最有名的是荷蘭醬跟 Béarnaise 貝阿奈茲醬，他們都用蛋黃跟澄清奶油帶出漂亮的黃色醬汁。

❺油系列醬汁：

傳統跟法式油醋醬差在法式有 Dijon 第戎芥末醬，而美乃滋則是以蛋黃跟白酒醋為底，加入大量的蔬菜油打發而成。

什麼料理搭配什麼醬汁沒有絕對，所以 Chef 很重視每堂示範課後的試吃時間，不厭其煩地問我們最喜歡哪個部分？對醬汁的意見、質地跟味道怎麼樣？跟主菜配菜合不合？剛開始我只想趕快試吃完去更衣室準備進廚房實作，慢慢的有充裕的時間品嚐，訓練味蕾，原來我們的舌頭不同部位感應不同的味道。不同的味道也會有先後不同時間出現，難怪「試吃」「試吃」「試吃」是 Chef 每堂課不變的要求。

　　想想在沒有進藍帶以前，在超市可以看到一整櫃現成的醬汁供我選擇。現在在我的眼中，只有費工夫熬煮調製的醬汁才符合我的味蕾，雖然費工夫花時間，但食材是新鮮的，過程是有愛有溫度的，這是未來再精密強大的 AI 也無法取代的功夫吧？！

06
朋友還是老的好，
但陌生人也可能是貴人

陪我過情人節的夫妻

　　師丈家人都在台北，小貝下了課，除了超市跟為了燙傷復原而去的醫院，哪裡都沒去。每天帶回來的作品與食材，一定再次發揮創意料理擺盤然後「獨自」享受，直到與將近20年不見的老朋友們相見。這一對是18年前接下我在高雄生意的夫妻，前幾年聽說先生得了甲狀腺癌，經歷了幾次生死邊緣搶救回來，繼而大徹大悟的活出快樂自在的人生。聽到小貝時不時刀傷燙傷，立刻從北高雄殺來高雄最南端送蘆薈凝膠跟日常補給品，連燙衣架都給搬來了。有時候在美廚民宿的陽台，有時候直接在我們藍帶校園內野餐，甚至沒時間坐下來就直接約在捷運站站內交貨（我的法式料理半成品跟高級食材）。老公陪我說話，老婆陪我喝酒，聽我述說著廚房發生的故事跟笑話。時間跟空間並沒有沖淡我們的友誼，因為這麼多年我們一直互

相從對方的成長故事裡吸取養分，老婆還是師丈為愛朗讀的頭號粉絲呢！量子糾纏讓我們在適當的時候再次相遇，再發展出更多激勵人心的故事！

▲ 兩夫妻與我在陽台享受我的藍帶作品

▲ 好天就直接在校園野餐

➤ 忍不住在咖啡廳享用

18 年後一樣的我搞定

　　大門的警衛常常對我問：「專車呢？」原來就是因為這一對母女常常從台南開著一輛比女主人龐大許多的豪華 Lexus 休旅車進校園，總是跟警衛說「我姐姐是藍帶學生，她一個人拿不了太多東西，麻煩你讓我進去幫她一下，很快就出來。」上次見 Doreen 已經是大學生的女兒時，她才剛出生第二天，18 年後，Doreen 從當年我的私人貼身秘書轉變成一位成功的金融投資經理人，踏著高跟鞋來校園接我，不變的是能幹有效率的「我搞定」，連我需要的土壤跟花盆都立刻送來。我倒是越活越回去，穿著牛仔短褲，拉著厚重的書包行李箱，完全一個大學生的模樣！

▲ 母女與我在陽台享受我的藍帶作品
◀ 我的神力女超人

沒錯，我真的需要花盆與土壤。每天除了自己的作品之外，任何修切下來的食材或是同學不帶回去的作品跟食材，我通通都不捨得浪費。有一次我們用掉葉子的菜梗，我全都留著帶回來，Chef 看到問我，「妳家養兔子嗎？」這些帶回來的根莖蔬菜跟大蒜，來不及吃完最後又長成一盆盆的植物，就說藍帶美廚民宿是風水寶地，什麼都長的飛快。還好有 Doreen 即時送來的土壤，讓這些小生命一個個在美廚民宿伸展開來。

好神奇的緣分，細心的 Doreen 總是在我人生需要幫助照顧的時候出現，從年輕到現在，對我來說，她一直是我的神力女超人。

▲ 菠菜

▲ 大蒜

▲ 紅蔥頭

▲Doreen 與我

終於見到真正的房東

還記得開學那一天，我用燙傷撒嬌的把師丈多留一天，他送我進了學校，返回美廚民宿，才發現鑰匙在我身上，只得在樓下門口等等有哪個鄰居出來開門讓他進去。結果等到的是一位年輕太太帶著打掃阿姨進門，才知道原來當初沒有禮貌的先生只是房屋管理人，這位才是真正的房東。那天她與師丈相談甚歡，她不但是美食家，也是懂得生活，健康養生的瑜伽愛好者。她幫師丈打開房間的門，看了我們的家庭照，確認是本人無誤，也發現我把原本平凡不起眼的小公寓佈置的這麼漂亮，尤其是舒適的陽台，開始對我這個房客充滿好奇。但因為她來這兒的時間我多半都在上課或是回到台北，住了幾個月我們始終沒有正式見面，但她好心的在我不在高雄的時侯進房間幫我

為植物澆水，我偶爾也會在回台北之前，留下一份我的法式料理在冰箱與她分享。常常從台北回到這兒，發現屋裏有新鮮水果跟點心，都是她特地帶來給我的。我們偶爾通話，她從 FB 了解我的藍帶生活，也是支持我的粉絲之一，即使沒見面，都感覺得到她的關心與溫暖，這又是同頻共振的吸引定律吧？

▲ 房東溫暖的禮物

跨國的緣分從藍帶開始

開學前小貝決定在 FB 成立一個粉絲頁，記錄我在藍帶的學習日記，一天都沒有漏掉，活生生像是課程進度教材的參考網頁。在還沒開學前，先分享自己從中年才開始學習料理的歷程。

一天在 Messenger 裡出現了一個陌生人：

植物頭貼：學姐好！我有問題想請教！

小貝：咦？我還沒開學。只可能是學妹，怎麼可能是學姐？你的頭貼是植物，到底是男是女？網路詐騙這麼多，抱歉我必須小心一點！

植物頭貼：喔！抱歉，我們是一對來自香港的母女，打算明年四月參加藍帶甜點班。想問問關於租屋的事，還有我的英文不夠好，怕跟不上，能不能跟妳上英文課？

小貝：香港人的英文不是都很好嗎？妳確定是要來當我的學妹嗎？

植物頭貼：這是我們的照片，是學校的行銷部經理 Eric 帶我們介紹校園的……

▲ 我的粉絲頁

就這樣經過我來回驗明身分後，Caridee 真的開始在網路上跟我學習烘焙英文，我也進一步認識了她在北台灣念大學的妹妹 Tess，畢業後妹妹也要來藍帶念料理，當然還有她們料理烘焙高手的母親 Anna。可以想像 20 歲出頭的女兒出國自己一個人到個人生地不熟的地方多麼需要資訊的提供。

我幫忙她安排了同棟公寓的房間，直到通話 4 個月後我們才終於正式見面。

從此，我的料理作品有人一同分享，最棒的是，我可以吃到熱騰騰剛出爐的法國可頌跟我愛的蘋果派、cheese 蛋糕……，這些可都是正統藍帶出品的好料。常常在更衣室裡，就說好今天怎麼交換我們的食物。不久在台灣的妹妹不但也成了我的英文線上學生，我回台北也有機會邀請她參加一些餐會

▲ 料理交換蛋糕

▲ 師生二人一同用餐

▲ 藍帶出品無敵蛋糕

▲ 姐妹二人與我共享美食

活動。香港的母親雖然還沒見面，也常常視訊聊天，剛好我利用課程間的長假去了一趟香港辦事，受到這位母親悉心溫暖的照顧，當她一直謝謝我在台灣照顧她的兩個女兒時，師丈才更要謝謝她費心安排我在香港的一切吃住與遊玩。

　　平時我看到身邊很多認真的年輕人，總忍不住關心他們並適當的伸出援手，想著有一天，我的兒女們出門在外，如果碰上了生活的難題或是需要幫助時，一定也有著另外一個或一家好心人會幫助他們。這種世界大同的理想真好！

樂齡大學的大姐們

　　除了自己的陽台，下課後，我還特別愛坐在校園草皮前的一個露台上白色的咖啡座位區，喝著自備的咖啡跟甜點，複習食譜跟教材。可能是南台灣的熱天氣，平時沒什麼人來，有自己一個人擁有一整個校園的感覺。但這一天突然來了一群大姐們，禮貌的問我能不能同坐在一起，看她們輕鬆開心自在的聊天聊地，知道我在上藍帶的料理課都充滿了好奇，再聽到我已經 58 歲了，更是不敢置信。原來她們是校園裡另一個樂齡大學的學員們，她們的課程也引起了我的好奇，不只中西式料理、烘焙甜點，也學藝術、歷史、音樂，甚至生死學、心理學……等等。

▲ 一人坐擁校園複習看書

很多人看到小貝都驚訝「妳怎麼可能已經 58 歲了」不只是身材皮膚，還有動作跟精力都像大學生一樣，我想除了謝謝爸媽給了我強大的年輕基因，跟我早睡早起愛運動的習慣，其實最重要的是我一直有一種不停學習的心，小貝常跟師丈說：「我可不可以一輩子當學生啊？」就像我認識的這一群樂齡大姐們，她們的退而不休，不是繼續工作賺錢，而是展開人生另一波學習之路。年過半百後同頻共振的力量總是吸引到相同特質的人們。愛學習的人有說不完的故事，讓人看到「老」在你身上一點也不可怕，健康又有活力的老更有吸引力，因為智慧都在故事裡。

◀▲ 與樂齡大學的大姐們共享美食

07
實作廚房大哭後的轉變

　　到今天進入第八堂課，鹹派跟法式披薩。愛吃甜點卻從沒做過派皮的小貝，既新奇又充滿挑戰。頭一回分組進行派皮的部分，正慶幸自己抽到了跟上過甜點的老鳥一組，可以輕鬆一點，卻沒想到狀況一堆。首先組長說他負責麵團部分，我去拿其他食材，我把握時間直奔 Chef 的冰箱拿鮮奶油，卻被 Chef 大聲叫回去：「大家都在揉麵團，為什麼妳一直跑來拿東西？」原來同組只是共用材料，麵團要各自揉。接著因為我的工作台在最後一個，Chef 指著我右邊的工具說：「Jennifer，妳的工作台一團亂，用了太多的工具，妳看看妳用了兩個工作台」可那些其實不都是我的東西啊！在廚房高壓的實作過程，還來不及解釋跟回嘴，Chef 就離開關注另一個學員或下一個指令。這一天，並沒有因為分組而讓我減輕壓力，反倒是一堆「無辜」的「被指責」，最後到了評分時刻，Chef 第一句話不是關於我的鹹派而是：「妳完全沒有組織能力」我整個崩潰的說：「你可以說我動作慢，但我是以有組織能力出名的，甚至 OCD 強

迫症」是的，這一個月來，整個廚房都是我求助的聲音「紅酒在哪裡？」「醬汁燒焦了怎麼辦？」更充斥著 Chef 催促我的聲音「Jennifer! what are you doing? You're so behind. Push yourself, Jennifer! ……」Jennifer，妳在做什麼？妳太落後了！加快妳的速度！

我承認我動作慢，找不到明明就在我眼前的東西，但說我沒有組織能力，我實在不服氣。接著說「妳的筆記太凌亂，妳花時間畫那些圖，自己也看不懂……。」我心裡想「可我的眼睛不好，我就是要靠圖畫代替文字啊！」一連串的指責跟誤解讓我的眼淚如雨水般的直落，還一邊說著「You understood me! 你誤解我，是組長要我拿東西，後面的工具是大家的，不都是我的，我的筆記是我自己的習慣，你不能這樣說……」不顧面子邊哭邊說，翻譯不在，那一半不懂英文的同學們傻眼看著這個激烈的爭吵。我完全聽不進有關我的鹹派跟法式披薩的評語，就執著在「被誤解」的委屈。邊哭邊走回工作台。Chef 看這個情況有些失控，跟著我邊走邊說「 I didn't blame you! 我不是指責你。」我聽了更難過「I know, I know. I'm very grateful. 我知道我知道，我很感激你。 But you understood me. 可是你誤解我……」Chef 緊急停損「Jennier 下課留下來再說，先清洗整理，大家等妳下課。」

清洗碗盤的確是一個最療癒的廚房工作，洗著洗著我就慢慢平靜了下來，直到廚房只剩下 Chef 跟我兩個人時，Chef 問我：「Jennifer 我知道妳是為了興趣，妳並沒有打算進入業界

是吧？」我委屈的回「是」。「但是我要妳知道，我不會因為妳的年紀、妳的眼睛跟妳只是為了興趣而降低我對妳的指責與要求。因為這是一個團體，因為這裡是藍帶。而且很現實的是，妳的同學們不會一直這麼容忍妳的，有一天他們會失去耐心，所以妳一定要進步！」Chef的教導內容字字嚴厲但口氣跟聲調始終非常紳士，跟電影裡主廚在廚房裡甩鍋大罵的形象完全不一樣。「關於組織能力，來，妳告訴我今天妳為了拿不同數量的奶油，跑了幾次食材區？」「嗯，三次」「只是為了一個奶油，妳就跑了三次，那麼其他的食材呢？是不是應該想好走一趟一次拿完今天需要的各種食材各種份量，而不是走到一半忘了自己要拿什麼或是到了食材區忘了數量又跑回去看筆記，甚至我還看過妳忘了帶電子秤再跑回去！」「妳說妳有自己記筆記的習慣，畫畫很好，但是妳常常呆住看不懂自己寫的或是找不到順序。是不是應該重新拿一張紙按照順序記下來，並且訓練自己儘量不要依賴筆記。」「最後，妳怎麼知道一年後妳的目標會不會改變？妳怎麼知道只是為了興趣的開始，最後妳有什麼新的夢想？」原來Chef只是沒說，平時我在廚房裡混亂的動作，他都看在眼裡，而且句句打到要害。

聽完了這一番真心話，關於我的情緒化，我鄭重跟Chef抱歉，也再次感謝他對我毫不放鬆一視同仁的教導，我承諾「我會改變的」。

走出廚房，天色已暗，藍帶一樓的咖啡廳裡還坐著遠從台北來探望我的兒子跟女友，一看到他們倆，不爭氣的眼淚又嘩

▲ 端著鹹派跟披薩隱約看得出哭紅的雙眼

啦嘩啦的流下來。貼心的兒子回到藍帶美廚民宿，邊享受著今天的作品邊安慰鼓勵我：「媽咪能來藍帶就已經夠棒了，不要對自己太嚴厲了喔！」「咦？這個鹹派又漂亮又好吃，媽咪忙著哭，都沒聽到 Chef 的評語吧？還有這個法式披薩，薄薄的餅皮跟配料搭配的恰到好處。妳吃吃看妳同學的那一塊，底下看不到的地方有部分厚有部分薄，還有一些空洞，比起來我真的覺得媽咪的更好吃。」哈哈，是耶！原來我做的不輸老鳥耶！

　　大哭的一天，也是我下決心承認自己不足，開始改變的一天。

　　果然半個月後的期中檢討面談，從成績曲線圖明顯的看出來第九堂課是一個跳躍式進步的開始。這算是一個代價嗎？還是那句老話「任何事情的發生，都有它的原因，而且有助於我！」

▲ 特地南下為我打氣的兒子及女友

▲ 有兒子及女友陪我回家享受鹹派與披薩露出欣慰的笑容

08
從屠夫到外科醫師到指揮家

這輩子好多事情的第一次都在藍帶發生，第一次宰殺（我後來都改成分解）一整隻雞、鴨、鵪鶉跟一條條魚，還有活跳跳的龍蝦跟張牙舞爪的大螃蟹。

被「大卸八塊」的全雞料理怎麼變成 10 大塊？

首先心理建設要做好，把自己從女屠夫的角色轉換成女外科醫師，心情頓時不一樣，馬上擺出專業的架勢跟滿滿的自信。今天除了主廚刀，剔骨刀跟剁刀全員出動。怎麼能夠連續兩次使用剁刀可以落在同一個位置，一直是我的疑問？原來不閃躲，專注在落點，大膽剁下去是關鍵。先剁去雞頭與雞屁股，再移除胸上的叉骨，切除小翅，接著切除兩條完整帶皮的大腿，才回頭取下雞胸肉。Chef 要我們隨時摸著雞肉去感受骨頭的位置跟肉的厚度，再動刀，才會精準。覺得屠夫真是厲害，外科醫師可以借助電子儀器透視器官，精準的抓住骨頭的位置與肌肉的形狀，但屠夫真的靠手感。誰知道第一次分解雞隻，居

然多了兩塊。原來翅小腿必須跟雞胸連結在一起，客人在吃雞胸的時候可以有一個手抓的小骨。當然這個手抓的小骨可是需要特別處理，刮除骨頭上的肉末，俗稱「法式剔骨法」。這樣不論香煎還是烘烤，骨頭才不會變色變黑，維持漂亮的形狀，這才符合法式擺盤慣有的美感。9個月下來，已經不記得分解過多少隻雞、鴨、鵪鶉與鴿子。畢業前真的可以輕鬆自在的迅速完成應該分解的動物了。

▲ 大卸八塊的雞肉

什麼叫王冠狀的鴨胸 / 雞胸？

是的，如果你的 Chef 丟給你一大箱鴨子，告訴你「我需要 crown breast」王冠狀的鴨胸，你得知道你的任務是取出一整片帶胸骨的鴨胸，為的是低溫舒肥後香煎的時候整個鴨胸不是高低起伏而是完整平面的，這樣受熱的部位才能平均，也不至於讓鴨胸過熟，等煎至表面金黃，內部還能維持漂亮的粉紅色。最後擺盤前才用刀從胸骨上取下鴨胸。

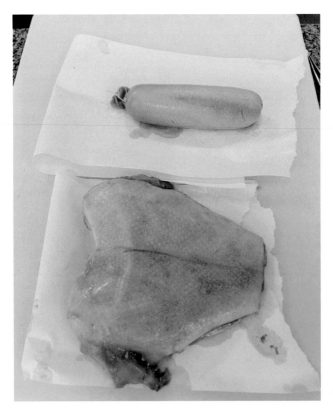

◀ 皇冠鴨胸

可愛卻繁複的雞腿棒棒糖

　　聽起來好可愛的棒棒糖，其實就是要把簡單事複雜化，考驗我們耐心的料理工法。首先取下雞腿時，連同雞胸上的皮都要留著，一旦粗心把皮割破或是取下的皮範圍不夠大，你的棒棒糖就會瘦弱乾扁。看我成功取下帶著大片皮的雞腿後，移除前端腿骨並取下腿肉，作成絞肉再與洋蔥蘑菇甚至蘋果丁等混

▲ 雞腿棒棒糖的製作（感謝台灣藍帶授權照片之使用）

合，還要用蛋與麵包粉去調整濕度，調出的內餡兒，再放回帶皮的雞腿裡。忙了半天又變回一隻雞腿模樣，只是裡面的肉變成複雜多風味的餡料。為了做出棒棒糖的模樣，必須把剩下的尾端腿骨往外推出，此刻，沾了一些肉末的骨頭好像正對著你說「幫我做個漂亮的法式剔骨吧！不然我怎麼漂亮見人呢？」這些動作可不能粗手粗腳，好不容易取下的雞皮有可能瞬間被內餡兒撐破，或是被鋒利的剔骨刀劃破，是的，讓人淚灑廚房的情況可是隨時會發生的。小心翼翼的包裹好，再用棉線綑綁完成，祈禱等會兒進入蒸烤箱跟香煎時能始終如一維持完好形狀才算大功告成。

記取鏡子的倒影是相反的教訓

　　進藍帶之前，不論是超市或是傳統市場，即使是買到整條魚，也都是處理好內臟跟魚鱗的乾淨魚身，這裡當然不可能。一直以來有一種魚鱗恐懼症的我，別說是摸到魚鱗，看到魚鱗，連聽到魚鱗的此刻都可以讓我起全身雞皮疙瘩，怎麼對付眼前這條魚呢？我總是自言自語的跟著我眼前的生物溝通：「謝謝你犧牲自己的生命，成就我在藍帶的學習，今天的成果是好是壞，我會盡力去做，請你跟我配合，一起完成使命喔！謝謝你！」果然順利平靜的刮乾淨魚鱗，也挖乾淨內臟，這時候看著筆記取下魚菲力，又是要用手的觸覺去感覺魚的厚度，用著有彈性的專業藍帶魚刀切下魚肉，從第一次把魚肉切的破破爛爛到九個月後取下又快又大片的魚菲力，真的是無數條魚跟我

合作的成果啊！有些料理是必須去掉魚皮的，還記得那一次，取菲力速度領先，但卻困在去魚皮，整個花了我 15 分鐘。下課後不解的問同學，「Chef 也是右撇子，怎麼可能右手拉著魚皮，左手拿刀削下魚肉呢？我怎麼做都不順，後面的腳步整個亂了……」同學的回答也真是一語驚醒夢中人：「姐，妳知道鏡子呈現出來的畫面是反的嗎？」啊！對啊！我真是笨，筆記整個記反了，把左右反過來就對了！笑死人了！我很高興並感謝我常常擺的各種烏龍，這樣我永遠也不會忘記我的錯誤，並且永遠不會再發生第二次。

▶ 取下漂亮的魚菲力

不願殺生卻要使用新鮮食材的兩難

　　愛吃海鮮的我從跟師丈在一起後，因為不捨得殺生，就不再買活跳跳的蝦跟螃蟹，直到藍帶的海鮮料理。Chef 體諒一些人宗教或飲食的限制，所以我們可以請他或同學代勞「一刀斃命」的工作。有時候是直接送進烤箱眼不見為淨，但還是很難過的為他們唸了一段經文，師丈說「重要的是妳的意念，妳是故意要殺他，為了自己的憤恨或慾望，還是不得已？」

　　以前在餐館點活蝦料理，還跟著大夥兒起哄，看著老闆把活蝦丟入滾燙的石鍋裡，再邊吃邊稱讚活著料理的海鮮有多麼新鮮，想想那時候的自己真的很殘忍。有一次為了救一排螞蟻離開，反而不小心壓死了幾隻，覺得很後悔很難過。師丈說「妳不是有心的，而且如

▲ 處理一鍋活蝦與龍蝦

果他命中注定要結束生命，他也會希望在好心腸人的手裡結束的。」「現在妳是為了學習，不得不殺生，心存感激幫他唸經，並且認真學習就不辜負這些生命的犧牲了。」

這大概也是我越來越偏向吃素的心理轉變吧？

溫度判定的學問

牛排羊排的處理，得從認識部位開始，Chef常常考我們各種問題：眼前這一大塊帶骨牛排羊排，你覺得牛頭羊頭應該在左邊還是右邊？牛排最漂亮的三分熟，如果沒有肉針測溫度，怎麼用手去判斷？這道料理你覺得應該搭配什麼配菜？搭配什麼酒？

漂亮的三分熟牛排中心必須呈現漂亮的紅色，表皮卻要煎至金黃，關鍵在於油夠熱時放入，再加入奶油，用湯匙一匙一匙的淋上奶油，讓外部金黃卻不能讓內部過熟，驚奇Chef的手指已經被訓練到用按壓就知道幾分熟，我們暫時只能靠肉針。我在想，Chef當久了，手指皮膚是不是也變厚了？怎麼從放下肉片、翻面到判斷熟度都用手指親力親為，太神奇了吧？

除了牛排在溫度與熟度上需要區分不同程度的表現，主要以符合客人的需求為第一優先，鴨肉的熟度也自有標準。漂亮的鴨肉熟度只有一種，稱之為pink，也就是粉紅色，要熟的剛好，熟的漂亮，才能保證它的嫩度。

▲ 漂亮的三分熟牛排

低溫舒肥

　　當然維持嫩度又不破壞營養的低溫烘培法這幾年在民間很流行，常聽到的「舒肥牛」「舒肥雞」其實是從法文 Sousvide 的發音來的，sous 最後一個子音 s 不發音，是 under 的意思，vide 是真空的意思。也就是在「真空包裝」的情況下拉長時間「低溫」浸泡熟成肉類或蔬菜。真空袋裡的香料，可能包括紅白酒等，因爲真空讓肉更容易入味，68 度的低溫不但保留肉的營養也維持嫩度，是一種時間換取味道的概念。最後取出後只要快速的用奶油上色即可完成。

　　這種低溫烹調的概念也表現在法式炒蛋上，與其說是「炒」蛋，不如說是「攪」蛋，全程隔熱水加溫，不停攪拌鍋內的蛋直到慢慢熟成變成漂亮的蛋花。此時外科醫師瞬間成為優雅的指揮家，法式料理的確是訓練耐心的高檔療癒之道啊！

09
料理背後的故事
讓這道菜更有味道

　　很喜歡 Chef 一邊示範一邊講述著料理背後的故事，讓你在將來有機會料理上菜的時候可以順帶分享，讓你的料理除了美味跟漂亮外還有歷史畫面跟感情。

威靈頓牛排

　　首先你可能想問我，到底威靈頓牛排是英國經典菜還是法式料理？答案要看你問哪一國人吧，哈哈哈哈！至少藍帶的教材裡，我們花了兩堂課學習威靈頓牛排，也佩服這原是一個代表法國挫敗戰役的料理，法國人卻不避諱，還大力發揚光大成為法式料理之一。話說英國威靈頓公爵在 1815 年的滑鐵盧戰役打敗了拿破崙後，他的御廚為了慶祝他凱旋歸來，特地將他愛吃的牛菲力、鵝肝、松露等食材用酥皮包裹起來，讓他一次就可以享受到他所愛的。讓我們聽聽法國人怎麼說，崇尚傳統

▲ 我做的威靈頓牛排

法餐的 Chef 說，在法國的經典料理當中，早就有一道牛菲力肉派，就是將牛菲力跟其他珍貴的食材一次包裹在酥皮當中。在當時的歐洲大陸，法式料理一直是高檔的宮廷料理，英國打敗法國這麼重要的戰役自然拿出高檔法式料理來慶祝，同時為了表現對威靈頓公爵的尊敬與感激，自然用他來為這道法式肉派命名，後來英國人登上美洲大陸，也把這道料理帶進了美國，

還得到好幾任總統的喜愛，據說在美國總統的國宴，威靈頓牛排是必點的菜單之一。不能不說，法國人為了追朔回源頭，保留這個肉派的傳統價值，顧不得拿破崙戰敗的恥辱了。怎麼說在法式料理上還是可以扳回一城，讓後世人們在品嚐美食時多少可以消融一些歷史敵意。

▼ 熟成的酥皮包裹著三分熟的牛排

▲ 威靈頓牛排搭配豐富的蔬食配菜

約克夏布丁

　　名為布丁，卻不是甜點，反而是搭配牛肉料理的一個鹹味酥脆的杯狀烤派皮。據說一位居住在約克郡的廚師，在慶典的前一夜狂歡喝醉了，以致於第二天睡晚了，進廚房緊急製作客人預訂的餐點，因為昨晚的宿醉，把原來要做成杯狀塔皮的麵

▲ 約克夏布丁

糊送進烤箱時，不小心打翻了整鍋牛油灑在麵糊上而不自知，等烤出來後，因為大量的油脂，讓塔皮蓬鬆酥脆但還維持杯子形狀，他一試吃發現味道真好，乾脆將錯就錯，就用這些酥烤杯子來盛裝烤牛肉及其他配菜，沒想到受到大家的歡迎跟喜愛，從此大家就發揮創意，把它繼續改良或變化。不論怎麼改，關鍵是灑上大量的油脂（牛油／奶油）烤至酥脆，並形成漂亮的杯狀中空鹹布丁。

這一天，我們的主菜是沙朗牛肉，但配菜就選用了約克夏布丁來盛裝各式蔬菜，不但讓客人有飽足感，還驚艷這個漂亮又好吃的杯狀鹹布丁呢！

▲ 牛排的配菜就是用約克夏布丁來盛裝蔬菜

杜巴利馬鈴薯韭蔥細絲蔬菜湯

　　大概一道料理的命名裡有公爵夫人時，你可以大膽的猜測，這當中一定有一段浪漫的愛情故事。而據說這道切工細緻的蔬菜湯品跟著名的杜巴利夫人有關。一位出身低微的女子因著才華在上層社會嶄露頭角，成為路易十五最喜愛的情婦。這段歷史佳話都拍成了好萊塢電影 Jeanne du Barry，並由性感的加勒比海盜 Johnny Depp 主演路易十五。可想而知，杜巴利夫人喜愛的蔬菜湯，也一定跟著名流千史。當我在料理這道看似簡單卻細緻繁複的湯品，感覺時空瞬間回到了凡爾賽宮的御用廚房，馬鈴薯與韭蔥不僅要攪打成泥再用雞高湯慢燉熬煮，裝飾配菜必需切成等長細絲並漂亮點綴在細緻濃湯之中，這樣的費時費功才配得上國王追求最愛情婦的用心與浪漫呢！

▶ 馬鈴薯韭蔥細絲蔬菜湯

馬賽魚湯

這是一道南法經典料理，是遊客到了普羅旺斯必點的料理。其實這是一道民間漁民們的家常菜，因為出海捕魚回到漁港，會先分類挑選出能賣出好價錢的上等魚跟完好無缺的漂亮魚身，拿到市場拍賣。剩下的下等魚跟破損的魚身，就會帶回家料理，作為一家人團圓共享的熱湯，所以一道馬賽魚湯裡，至少有 4 個不同的魚種，用橄欖油、番茄及手邊可及的香料小火滾煮的一大鍋綜合魚湯。到了現代，為了進入高檔法餐，主廚甚至會加入昂貴的龍蝦、高檔魚種及蕃紅花這樣的昂貴食材，這樣才能把平民家常菜賣成高檔法式料理的好價錢是吧？我的 Chef 常自嘲自己是老派的 Chef，喜歡遵循傳統的材料與手法，堅持選用平凡的四個魚種，透過細心處理與熬煮，依然做出頂級水準的味道與擺盤。

要把湯當作一道主菜，可得設計各種組合的吃法。餐廳裡通常是先上一大盤純粹橘紅色的魚湯，搭配自行擦上蒜頭的切片法棍及蛋黃醬。接著才會端上盛滿四個魚種跟配菜的主盤。當然每個魚塊都經過精準剔骨跟拔刺，在熬煮時，也要確保魚肉維持完好而不能散開。

古代漁夫還有一個傳統，就是喝完馬賽魚湯，挺著熱呼呼的肚子，一定得好好的去睡個大覺，當然，那種出海捕魚的日子，驚濤駭浪，風吹雨淋的勞力工作能夠回家飽食一大碗熱騰騰的魚湯，的確可以從餐桌溫暖到被窩啊！

我當天帶回一大鍋魚湯與各式魚肉，剛好趕回台北，就

在師丈公司與他的同事們一同分享我的料理，還一邊訴說著故事，讓這道南法美食的味道更豐富了。

▲▶ 我做的馬賽魚湯

10
中級班帶我們環繞法國
學習各地料理

　　該把西方地理重新拿出來複習一下囉！是的，法國是一個六角形，有不少海岸線，也有多處高山，並與許多國家接壤。讓我們逆時針開始認識地理環境跟物產帶來的經典美食吧！

Normandy 諾曼第

　　法國北部隔著英吉利海峽是英國，這一區是歷史上發生過有名戰役的 Normandy 諾曼第，很多觀光客是為了淺灘上的聖米歇爾山修道院來朝聖，有人潮的地方自然有許多米其林法餐，但這也跟地形物產有關。沿海地區的魚類貝類非常豐富，白酒奶油燉海鮮或是諾曼丁風味的淡菜與比目魚是大家必點菜餚，另外特殊的是諾曼地的蘋果清脆香甜，不只入菜，還製成蘋果白酒、蘋果氣泡酒跟蘋果白蘭地。我們學的這道料理「香煎雞肉佐蘋果酒咖啡牛奶醬汁與蘋果蘑菇配菜」其中的靈魂角

▲ 看法國地圖認識各地經典美食

色就是 Calvados 蘋果白蘭地，而菜名裡的咖啡牛奶醬汁，並不是用了咖啡與牛奶，而是形容用蘋果白蘭地做出的醬汁有咖啡牛奶般漂亮的顏色與質地。當然橄欖狀的配菜也從以往常用的馬鈴薯改為蘋果。讓這道雞肉料理有芬芳香甜的味道與口感，清爽又解膩！

▲ 香煎雞肉佐蘋果酒咖啡牛奶醬汁與蘋果蘑菇配菜

Bretagne 布列塔尼

西北部的 Bretagne 布列塔尼北西南三面環海，盛產各類海鮮。最能表現海味的一道料理是綜合海鮮盤，有各種魚類、甲殼類的組合，搭配添加檸檬與紅蔥頭的油醋醬，很受歡迎。

值得一提的是這兒的 Guerande 蓋郎德海鹽非常有名，風味柔和又有豐富的礦物質，連用帶有鹽分的牧草飼養出來的羔羊都帶有海味的鮮美，更不用提海鮮本身的天然鹽味了。

▲ 香煎龍蝦佐龍蝦濃湯醬

而布列塔尼的龍蝦是特有的藍色殼身，肉白緊實，鮮甜自帶鹹味，是很受歡迎的龍蝦種類。我們學了這一道「香煎龍蝦佐龍蝦濃湯醬」，這道用龍蝦殼與調味蔬菜熬煮的醬汁特別鮮甜，龍蝦本身自帶的柔和鹹味，品嚐時也可以試試不加醬汁的原味。

因為蕎麥粉也帶有天然的海鹽味，於是著名的布列塔尼奶油酥餅也適時加入料理之中。你看我們做的這一道龍蝦料理，不就搭配了一朵漂亮的酥餅嗎？讓擺盤更立體了！

Bordeaux 波爾多

說到西部的 Aquitaine 阿基坦，大家不一定知道，但如果提到北部的城市 Bordeaux 波爾多，誰都知道這是盛產葡萄酒的重鎮，於是經典波爾多醬汁在這地區的料理裡成為關鍵要素。我們學了這一道「牛側腹橫肌排佐波爾多醬汁與馬鈴薯球及風味奶油」就明顯看出牛排四周圍了一圈深色的醬汁，就是用經典的波爾多紅酒熬煮而成的醬汁。所謂經典波爾多醬汁，除了選用當地經典紅酒外，保留加入熬煮的紅蔥頭而不過濾掉，讓醬汁保留濃稠度跟纖維，也是特色之一！上方黃色橄欖狀的風味奶油也可以用「牛骨髓」代替，除了用其淺色來平衡深色的醬汁外，也讓整道料理呈現豐富的三層口感。

還學了另一道前菜「嫩煎肥肝」，用上了一顆顆的白葡萄作為配菜，而這一顆顆的白葡萄也是用波爾多甜白酒煮出來的。肥肝經過香煎後，依然維持高油脂的口感，如果單吃會過

▲ 牛側腹橫肌排佐波爾多醬汁與馬鈴薯球及風味奶油

於油膩，這時候白葡萄的酸度剛好平衡油膩度，大概就像我們吃高油脂的煎魚時喜歡擠上一些檸檬汁是一樣的。

▲ 嫩煎肥肝佐白葡萄

Périgord 佩里戈爾

內陸的 Périgord 佩里戈爾，有著「黑色鑽石」之稱的名產「松露」，在近 30 多種品種中香氣最佳的　類就直接命名為 Truffe de Périgord「佩里戈爾的松露」，在生產高品質松露的森林裡當然也少不了豐富的菇菌，像牛肝蕈、羊肚蕈……等，與松露一同加入料理的行列。其實 Périgord 佩里戈爾也被用來為醬汁命名，可以猜得出來，這道醬汁一定是含有大量的松露及松露油，是的，因為松露的味道強烈，所以這道醬汁搭配熬煮的酒也選用強烈的波特酒與馬德拉酒及白蘭地，用來搭配雞胸與鴨胸都很完美！

➤ 牛排上一片片珍貴的松露

也因為盛行鴨與鵝的飼養，產出大量的肥肝，這一地區肥肝的產量就佔了全國一半，也讓以鴨油為材料而著名的「油封」工法成為當地經典料理。我很期待這一道料理「油封鴨」，把先取下的鴨腿與鴨胸，擦上粗鹽後浸泡在加了百里香、月桂葉等香料的鴨油內，超過 24 小時後，再取出料理。料理前用清水將表面的粗鹽及香料去除，用烤箱或平底鍋香煎即可，經過鴨油的浸泡與香料的融合，肉質特別柔嫩且入味，刀叉輕輕就可以將骨肉分離，鴨肉還能維持軟嫩，果然是歷久不衰的經典料理。

▲ 油封鴨的醃漬準備

▲ 在鴨油內的鴨腿

Pays Basque 巴斯克

　　到了法國西南方，與西班牙接壤的 Pays Basque 巴斯克，據說是世界上米其林餐廳密集度繼東京之後第二高的地區，這個地區的人民說著一種獨立語言，既不像法語，也不像西班牙語，城市裡處處可見穿著民族風的服裝戴著貝雷帽的人們，根本是一個奇異的世外桃源，甚至像極了另一個迷你國家，正好夾在法國與西班牙之間。難怪 Chef 說，這是他退休後要居住的城市。他還很感性的說，如果很多很多年以後有一天你們到了巴斯克旅行，進入一間法式餐酒館，在昏暗的燈光下，看見一位熟悉身影的老頭子，邊喝著酒邊享受著家鄉料理，只要慢慢的走到身邊，輕輕的說一聲「Yes，Chef」一切盡在不言中！說到這兒，我彷彿已經看見那家昏暗的餐酒館就在我眼前……。

▶ 巴斯克

一回神，立刻進入今天即將學的巴斯克料理。這裡的所謂法式料理多少帶有西班牙式風格，其中「巴斯克燉雞香料飯」尤其有名。這一道名為燉「雞」，卻加入拜雍火腿這項「豬」肉食材，顯示這地區的豬肉品加工也有很高的評價。所謂的巴斯克風味，配菜或醬汁一定用到橄欖油、番茄與甜椒組合等食材。所以醬汁呈現出橘紅色的色彩，的確有西班牙海鮮燉飯的影子。

▲ 有拜雍火腿加分的巴斯克燉雞香料飯

來到充滿陽光的南方普羅旺斯，這一段地中海被稱為蔚藍海岸，處處可見到浪漫熱情的人們，當然需要南方風味的美食相伴。第一個想到的無非是我在料理背後的故事裡提到的「馬賽魚湯」，另外就是「普羅旺斯式填餡淡菜」，別以為淡菜是蔬菜，其實是一種長形黑色貝類，肉質肥嫩，很受歡迎。普羅旺斯式的做法並不難，主要是先用紅蔥頭白酒煮開淡菜，再加入香料填餡兒，包括香草末、奶油、檸檬皮及麵包粉……等，再烘烤而成。淡菜本身的品質與鮮甜是關鍵，南方陽光長成的香草品質第一更是加分。

另一個蔚藍海岸的經典料理就是「尼斯沙拉」，也是我們筆試常見的考古題：「請問尼斯沙拉裡除了生菜番茄外，必備的特別食材有哪些？」是的，沒有加尼斯特有品種「黑橄欖」的沙拉不叫尼斯沙拉，沒有加「鯷魚菲力」的沙拉就失去尼斯風味。當然你會發現，來到南方，奶油的使用量漸漸被橄欖油取代，因為東邊鄰國就是全世界橄欖油大宗國義大利啦！

尼斯獨有的圓圓偏小高品質的黑橄欖，不只可當作沙拉的主角，Chef 還傳授我們一種特別的黑色拌醬「酸豆橄欖醬」。除了酸豆的酸味來平衡橄欖的澀感，也像尼斯沙拉一樣的運用了鯷魚的鹹味來調味，Chef 將它用在羊肉料理上，雙方強烈的味道互搭！

▲ 酸豆橄欖醬

Burgundy 勃根地

在中央偏東遼闊的丘陵地區是大名鼎鼎的勃根地，與西南方的波爾多及香檳區並列為法國三大葡萄酒產區，以酒入菜最有名的一定是「勃根地紅酒燉牛肉」。即使是不會說法文的美國人，也會用英文拼音規則念出菜名 Bœuf Bourguignon。這道菜名跟藍帶學院一樣是沒有英文翻譯的，只有法文。可見得它是經典中的經典。筆試考題又來了，「勃根地紅酒燉牛肉的必要食材有哪些？」因為你可以做紅酒燉牛肉，但要冠上勃根地的名字就得遵循古老食譜，選用勃根地的紅酒去醃製入味是必要條件，再來看看配菜裡，煙燻培根是第一要角，另外珍珠洋蔥跟蘑菇雖是配角但也是不可少的，薯泥已經不只為了裝飾，而是配肉的澱粉代表，還不能用其他馬鈴薯作法來取代，因為薯泥的細緻才配得上勃根地紅酒燉出的軟嫩牛肉。最後還得搭配三角形切片麵包。這些要素都齊全才稱得上「勃根地」紅酒燉牛肉。

勃根地的右邊還有一個有名的城市，是前往瑞士路途中必要參觀的小城 Dijion 第戎。喔！聽過吧？第戎可是有上百種調味的芥末，用在不同用途及料理上，絕不是速食熱狗裡隨意選用的普通加工芥末。所謂的法國油醋醬有別於一般基礎油醋醬或義大利香料油醋醬，就是多了這麼一味第戎芥末。記得哦！只有這個地區的芥末是法國料理中會使用的芥末醬。

▲ 勃根地紅酒燉牛肉

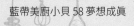

里昂是法國中部位於隆河上的一個大城市，由於隆河帶來豐富的淡水魚產，自古就有傳統工法將過多的魚肉製成魚漿的工法流傳至今，也就是我們吃的魚丸。差別在於我們的魚丸，為了口感，用了一些添加物讓口感變的脆脆的，而里昂傳統的魚丸非常柔軟，吃慣脆魚丸的我們覺得法式魚丸像是嬰兒食物，吃不慣脆感魚丸的 Chef 笑話我們的魚丸可以當乒乓球來打了呢？我覺得各有優點，只是你用一種預期的心理去享用眼前的食物，可能會有些驚奇的錯愕感，所以不如放空心情，不要帶有任何預期跟比較，這樣可以全新感受出每道料理的原始風貌。

我們學的這道「里昂梭子魚丸佐南蒂阿醬」，可以看出梭子魚肯定是這一區有名的淡水魚，因為肉質細膩，非常適合製成魚

▲ 里昂梭子魚丸佐南蒂阿醬

丸。而南蒂阿醬則是用蝦蟹濃湯調製而成的醬汁，因為蝦蟹海鮮熬出的高湯本就帶有橘紅色調，再使用番茄泥讓色彩跟口味都更美更鮮甜，最後用螯蝦殼來裝飾擺盤，讓這個內陸不臨海的城市依然有海鮮代表的經典料理。

▲ 里昂梭子魚丸佐南蒂阿醬

Alsace 阿爾薩斯

最後回到東部，東邊的阿爾薩斯及洛林區都與德國相鄰，不論語言藝術到飲食都受到德國的影響，我們常聽到搭配德國豬腳的酸菜在阿爾薩斯就成了醃漬高麗菜，同樣的因為氣候寒冷，深具內地，這兒用了大量的肉類加工食品，火腿香腸等成了各種料理必用的食材。

我們學了有名的洛林鹹派，是的，鹹派也有一個法文字Quiche，英文直接沿用，好在發音也相同。這道料理並不難，除了使用酥脆麵團，蛋奶餡兒裡的配料自然少不了肉類加工品之一的培根，倒是法式料理使用的培根，不太像是超市裡已經分切好薄薄一片一片的培根，而是一大塊稱重決定使用多少的量，再按照不同料理的需求自己分切，分切的技巧在於每一條要有肥有瘦，這樣口感才會均勻，算是微加工食品吧？這種鹹派可以依據個人喜好替換不同的食材，譬如鮭魚鹹派，蘑菇鹹派……等等，但是只有阿爾薩斯培根的鹹派可以稱為洛林鹹派。

如果你也聽過阿爾薩斯火焰薄餅，就可確定培根在這一區的地位有多重要，同樣使用培根，跟洛林鹹派差別在與薄餅使用新鮮酵母，發酵後烤出來的薄餅呈現比較自然不規則狀，另外再加入洋蔥一起點綴，而火焰的名稱就是來自於培根的火紅色吧！

▲ 大大圓圓的洛林鹹派

11
馬鈴薯的作法千奇百怪

　　好像在我們印象中，想到馬鈴薯，就直覺想到薯條，進而再連上不健康的速食標籤。進入藍帶幾個月才知道原來馬鈴薯料理的學問又大又豐富，因為法國人吃馬鈴薯如同我們吃米飯一樣，對他們來說，是很重要的澱粉來源之一。而這種澱粉卻又因著馬鈴薯幾百個品種的不同而有所不同的料理方式。

　　在歐洲，馬鈴薯是有數字分級的，不是分品質好壞，而是分它的黏性 Waxy 跟粉質 Floury，袋子上的 Texture scale 質地規格的數字從 1 到 9，越小表示越緊實，帶有臘的質感，數字越大表示越鬆散，粉質越高。這時候不同料理需要的馬鈴薯就可能完全不一樣，選錯了質地，再厲害的烹飪技巧都不容易做出應有的美味。還有不同顏色的果皮跟果肉在擺盤呈現上也都需要考慮到。

　　譬如水煮跟沙拉的切塊馬鈴薯，就該選擇質地紮實有臘性，也就是數字低的品種，而要烘烤再搗碎的馬鈴薯就該選擇偏粉質，也就是數字較高的品種。讓我來回憶這九個月我手上

握有的馬鈴薯經歷過幾種不同的料理跟裝扮吧！

Pomme Mousseline 香濃馬鈴薯泥

　　吃過我親手做的馬鈴薯泥的人都有一樣驚訝的反應，這口感好像馬鈴薯口味的冰淇淋耶，怎麼這麼細，這麼香濃，到底秘訣是什麼？是的，秘訣在這兒，只怕你沒力氣做，哈哈！因為其中一個重要關鍵就是不停的用手攪拌，直到長出肌肉。質地會這麼細緻，是壓成泥後必需用最細的篩網認真過篩，不能留下任何纖維，接著陸續拌入大量的奶油。手工攪拌的薯泥跟機器就是不一樣，就跟我們常說的手工麵條是一樣的，我認為那是拌入了廚師的辛苦與愛，還有不斷的試吃，味道跟質地要打到剛剛好，鹽與胡椒粉的調味也要謹慎小心。這樣做出來的薯泥，可以直接當裝飾配菜，或是依個人喜好淋上醬汁。也可以再做變化成為下一個呈現！

Pomme Duchess 公爵夫人馬鈴薯

　　出現公爵夫人的稱號就可想像這種馬鈴薯不是那麼輕易完成的啦！首先將已完成的馬鈴薯泥放入擠花袋裡，然後選擇一個有花紋的花嘴，拿一個鋪上烤盤紙的烤盤，將薯泥用繞小圓圈的方式擠出一朵一朵的立體錐形。記得我第一次擠出的形狀有的大有的小，力量不平均，不過都是熟能生巧的，越做越漂亮。然後送到烤箱快速烘烤，就得到一堆漂亮的馬鈴薯花朵，很適合搭配鴨肉料理。

▲ 公爵夫人馬鈴薯

Gratin Pomme 馬鈴薯千層

除了用刨片器將馬鈴薯切成薄片外，牛奶是關鍵。將一兩顆丁香像釘釘子般的釘一片月桂葉在 1/4 的洋蔥上，放入牛奶裡熬煮入味，是千層裡香味的重要功臣。先將切片馬鈴薯用蒜泥奶油香煎過再使用，會更加入味，選用的起士也很重要，必須是新鮮的硬質起士，我們幾乎都是使用 Gruyenne cheese。然後再烤模裡，開始一層馬鈴薯片，一層 cheese，一層牛奶，一層馬鈴薯片，一層 cheese，一層牛奶，直到鋪滿為止，最後以 cheese 為封面結束，送入烤箱，就等著拉絲濃密的馬鈴薯千層啦！

▼ 馬鈴薯千層

▼ 取下千層作為裝飾配菜

Fondan Pomme 方旦馬鈴薯

　　方旦這個動作如果用在烘培上大家喜歡翻譯成翻糖，我倒覺得這樣的形容不錯，只是這兒不是用甜的糖漿包裹，而是用濃稠的雞高湯包裹馬鈴薯塊。首先馬鈴薯塊的形狀是有一定的標準跟厚度，不能過厚而不容易入味，也不能太薄，否則在烤箱裡可能會破碎。記得我說過的品種質地也是關鍵，不能太過臘質而不易入味，也不能太過粉質而破壞形狀。總之是一種漂亮的圓柱體，先用奶油煎熟煎香，然後再放進烤模裡加進香草束與雞高湯，蓋滿馬鈴薯後進入烤箱，讓湯頭入味而後當作裝飾配菜之一。

▲ 方旦馬鈴薯

Pomme Hasselback 風琴馬鈴薯

　　這是我最愛的馬鈴薯料理，很適合作為牛排料理的配菜，又漂亮又美味，重要的是看起來很特別，可其實做起來非常容易，很唬人的一種馬鈴薯料理，呵呵！重點在於切工，由於要整齊的切片，又不能切斷，所以要先把馬鈴薯「懸空架起來」在兩塊木板上，這樣下刀的時候，會被木板擋住，讓馬鈴薯有

▲ 搭配風琴馬鈴薯的鹿肉料理

一段木板的厚度不被切斷,再展開來,就形成一個看似風琴一般的馬鈴薯。進入烤箱前,灑上鹽跟胡椒調味,溫度跟時間的控制很重要,既要烤熟用不能焦掉,所以選擇數字當中的馬鈴薯就可以了。

烤完的馬鈴薯修切掉兩頭,也可以再分切成 2 到 3 塊不等的風琴,來配合主菜牛排的大小。

Pomme Nouveau pont 新橋馬鈴薯

看看法國人的藝術強迫症,明明是薯條的配菜,就要做成漂亮的橋墩。真正的薯條配菜,可以保留馬鈴薯皮,切的大小比較沒有嚴格要求大小跟長度統一,但如果食譜上指名了要的是「新橋」馬鈴薯,那麼你得把馬鈴薯按照 Jardinière 的粗條切工來處理,也就是每根都要整齊的 4cm 長 5mm 寬,這樣才能如同磚塊般的搭建浪漫的新橋。

➤ 搭配新橋馬鈴薯的牛排

Fish Scale 魚鱗馬鈴薯

這是一道魚料理，主菜是一片魚菲力，為了做出魚鱗形狀，少不了這最重要的配角，馬鈴薯。先用切片機將馬鈴薯切薄片，再用迷你圓型模具壓出一堆的小圓片，浸泡在澄清奶油裡，加入一些玉米粉及蛋白，這樣圓形馬鈴薯才帶有黏性，當我們將它們用鑷子一片片舖上魚菲力時才不會左右移動。看看這一道「紅鰡魚菲力酥脆馬鈴薯鱗片佐花椰菜慕斯」，處理馬鈴薯的時間超過處理主角魚菲力，而且如果配菜失敗了不漂亮，就完全影響了主菜，真算是最費工的一道馬鈴薯配菜。最難的部分還在最後，當我們將舖好馬鈴薯鱗片的魚菲力下鍋煎至金黃時，如何翻面而不會讓馬鈴薯散落，還真是緊張時刻。你們看我不但翻面成功，Chef 還稱讚我的鱗片煎出了深淺層次感，他非常意外，我發現是因為我排得特別密，讓整個鱗片層次分明的高高浮起，有立體感，自然煎出半圓形焦黃色的層次感，一切辛苦都沒有白費啊！

▲ 紅鯔魚菲力酥脆馬鈴薯鱗片佐花椰菜慕斯

12
廚房裡的烏龍笑話
是緩解氣氛的好妙方

　　我常說料理是我生活中一種療癒之道，怎麼說呢？因為在家裡的廚房邊料理，邊聽著古典樂，旁邊一定還擺著一杯紅酒，時不時的喝一小口讓靈感上身，可在藍帶廚房，完全是上戰場一般，別說紅酒了，連喝口水的時間都沒有。對付緊張的方式是把耳朵關起來，開始哼著 La Vie En Rosé，跟自己說不要受到任何催促言語的影響，自己心中盤算著時間，不用搶著頭幾個完成，只要不要倒數就可以了。給自己心理建設，這又不是比賽速度，又不是最快最好，反倒是在規定合理的時間內完成，烹飪技巧、味道與擺盤才是最重要的。對，哼歌就對了，周遭一切彷彿模糊了起來，這時候感覺整個廚房裡只剩我一個人專心的完成今天的任務。

　　除了哼歌外，也偶爾聽到自己一個人大笑，原來擺烏龍也是疏解緊張氣氛的好方法，只要不太離譜。

剛開始還沒有添加很多自己的小工具時，譬如刨起士就會使用廚房裡大大的鐘形刨絲器，它真的大到可以刨所有同學們需要的份量吧？我常常自言自語減輕壓力。這一天，我快速的拿了巨型刨絲器到我的工作台上，一看，今天的刀孔怎麼這麼密，刨絲器怎麼這麼重啊？真不好用，該買輕巧型的了！

心裡唸嘟著，突然被隔壁同學叫醒了。「Jennifer，妳一次拿那麼多個刨絲器幹嘛？」「啥？難怪那麼重！哈哈哈哈，笑死我了……」這個壞眼睛還是扮演了很重要的角色，頓時讓氣氛輕鬆了不少！

又一天我們做烤布蕾，由甜點班的 Chef Florian 帶我們實作，雖然我們是料理班，也會在食譜當中參雜一些基礎必會的甜點。烤布蕾的確不難，我想難得在甜點 Chef 面前可別丟臉啦！優雅的舉起火槍，對著我的烤布蕾展開一連串的「炙燒」動作。奇怪，怎麼燒了半天沒變化，是不是火力不夠大？離太遠了嗎？正在狐疑的同時，Chef Florian 老遠對著我叫「Jennifer，What are you doing? 妳在做什麼啊？」怎麼所有的 Chef 都愛說這句話啊？「Did you add sugar on it? 妳有加糖在上面嗎？」「啊！Chef 真聰明，我真的忘了加糖粉啦！難怪怎麼燒都燒不出焦糖的顏色，布丁都快被我燒焦了，哈哈哈哈！」

有一天上示範課實在忍不住問了這個笨問題，「我們的紅酒是一個紙箱包裝的大桶，擺在桌邊時龍頭是懸空的，所以當我拿著電子秤去秤重量的時候，也是懸空端著電子秤，這時候，

▲ 焦糖布丁

指針就會一直動一直動，怎麼都稱不出正確的份量，怎麼辦？」

　　全班大笑，「姐，當然不能懸空端著電子秤啊！」「可是沒有位置放電子秤啊？」「姐，妳是來亂的嗎？妳要多拿一個小碗，接了紅酒到桌面上的電子秤去秤啊！」「喔！這個聰明，我怎麼沒想到啊？」我突然想 Chef 曾經說過「妳如果不進步，有一天妳的同學們會失去耐心……」我想今天還真是一個很好失去耐心的實例。我一個堂堂的英文老師，卻無法處理連小學生都懂的事情，難怪被認為是來亂的！哈哈，還好師丈提醒過我，在高手如雲的同學當中，如果妳要問問題，記得先有禮貌的對著大家說「抱歉，這個問題可能很笨，但我想請問……」沒想到 Chef 有孔子有教無類跟鼓勵不恥下問的精神，他居然在一次面談中肯定我「Jennifer，沒有笨問題，所有的問題對我來說都是好問題，因為妳不懂，我有責任要回答妳！」誰說法國主廚太驕傲，至少我在藍帶的 Chef 是傳道授業解惑的好老師！

　　電子秤真的是一個鬧笑話的豬隊友，這一天的料理有派皮的部分，當然秤麵粉已經是熟練到不行的家常，只是秤完了一大鋼盆的麵粉回到工作台，看著鍋裡的麵粉，心想，這麼大盆麵粉只加一顆蛋對嗎？左邊立刻傳來同學的一陣驚呼聲「Jennifer，妳把整袋麵粉都搬來幹嘛？妳到底有沒有按照食譜的數量稱啊？」「有啊！就是 80 克啊」「我看妳的秤？」

　　「姐，妳那是 80 盎司啦！妳稱了 2000 多克麵粉啦！」「天啊！怎麼辦？這個單位字太小，我根本看不到，怎麼改？誰幫

我？Chef！Chef！」Chef 說「I can't read Chinese. 我看不懂中文。」最後還是麻煩同學在一片忙碌的氣氛下，幫我調回來。這時候我關心的，不是耽誤了多少時間，而是這麼多麵粉可以回收吧？千萬別糟蹋糧食啊！

大眼美女 Amenda 每次考試前都提醒過大家「一定要檢查你的電子秤電池夠不夠，寧可換一組新的，免得考試的時候發生沒電的情況，在不准跟旁人說話的規定下，沒人能救你！」我心裡想，也不是天天用，應該可以撐到期末考。結果不信邪的我又出包了，慶幸發生的日子不是期末考，而是期末考前的模擬考！更不可思議的是，不信邪的人不只我一個，當我發現我的電子秤沒電的時候，理當跟隔壁同學求借，結果，拿過來的電子秤，居然也是一片漆黑，不會吧？這種連續兩個人的電子秤都沒電的機率有多高啊？經過了這個模擬考的教訓，我們大家都把電子秤、溫度計、點火槍……反正只要需要電池的工具全部換上新電池，相信烏龍精靈在期末考沒有任何機會可以乘虛而入啦！

燙傷割傷是不是也算上烏龍？是的，因為時間都來不及了，怎麼能夠在這個時候受傷呢？記得第一次用個人烤箱的時候，因為要直接將平底鍋整個放進烤箱，繼續烘烤帶了高湯的雞肉料理，時間一到，習慣打開烤箱的門，還知道用手套去取出平底鍋，但移回到火爐上再次熬煮時，就忘了手把還是 160 度的高溫，而用手去抓握，當然一陣燒燙才喚起記憶而尖叫不已。早已有嚴重燙傷經驗的我，知道拼命沖冷水是首要動作，

可又要繼續料理，怎麼辦呢？還好時常為了幫蕃茄脫皮而準備的一鍋冰塊水還在旁邊，簡直是救星。左手放進冰塊水裡，右手繼續料理，學到了教訓，冰塊水得一直保留到下課，不要太快倒掉呢！

Chef 說過越不利的刀反而越容易受傷，但忘了說，剛送給專業師傅磨好的刀，連清洗時輕輕從旁滑過，都像被紙割到一樣，流出鮮血還沒有感覺到的快速。期末考前的模擬考真是多事之秋，除了沒電的電子秤外，一直被剛磨好的刀劃到，一整堂課下來，一共四處傷口，還好都不深，也確認了這家磨刀師傅的功力果然不凡。

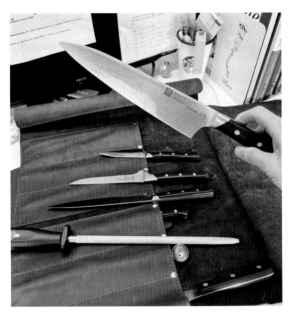

▲ 磨得超利的刀具

13
歐陸融合料理

　　除了法式料理，地中海飲食也是崇尚健康的人士非常推崇的料理方式，坦白說，在選擇法國藍帶之前，我心中還有一絲考慮「義大利慢食大學」，就是來自於我對地中海飲食的推崇與喜愛。一定曾有人想過，那麼何不將歐洲大陸上有名又健康的各國料理融合在一起呢？所以有了「歐陸料理」這個名詞！而事實上歐洲大陸的腹地本就不大，從古至今，不僅人種與民族時而搬遷，國與國之間的貴族也常進行通婚，自然在料理上會有很多交流。

　　當我們學到燉飯與麵疙瘩的時候，同學們跟我有一樣的問題「Chef，到底今天的這道龍蝦燉飯是法式料理還是義大利美食？」難道還是那個答案？那要看你問的是哪一國的 Chef 啊？哈哈，Chef 倒是謙虛的表示，「最近我們學到的燉飯也好，麵疙瘩也好，甚至直接稱它義大利水餃，當然源自於義大利，而義大利人吃燉飯麵疙瘩的機率比法國人多多了，他們的燉飯種類更是數不勝數，在同一個歐洲大陸上，有值得我們學習的

地方，都可以成為法式料理的元素與靈感。」

　　記得在環法料理的課程裡，的確接近南部義大利邊境的法國家庭飲食習慣大受義大利的影響，吃義式料理的機會多了，自然會用法式料理的精神將它們發揚光大。

▲ 帶回家的龍蝦高湯

倒是我發現了，法式料理的燉飯因著高檔料理的名聲，選用的食材果然不是一般家庭天天可以使用的家常菜呢！所以我們才學這道「龍蝦燉飯」，就沒有人會把它誤認為義大利美食啦！

　　燉飯的秘訣在於手工不停的連續攪拌 20 分鐘，一邊熬煮蝦蟹高湯，一邊慢慢的舀出一次一點陸續加入燉飯之中，直到

▲ 龍蝦燉飯

米粒呈現透明狀，再陸續一次一點加入塊狀奶油及刨絲起士，繼續攪拌直到湯汁都吸收進米粒當中。記得試吃，確認米粒的中央微硬就可以關火上菜了。

學會燉飯基底，龍蝦可以換成其他的主菜，譬如同是海鮮類的干貝也很適合搭配燉飯。如果主菜是紅肉類，像牛菲力或羊排，那麼攪拌燉飯用的高湯就應改為褐色小牛高湯。如果選用的是白肉，如雞肉，那麼雞高湯才對味。

我的這一盤龍蝦燉飯可是用了一整隻龍蝦來處理，自然少不了用龍蝦殼來裝飾擺盤喔！

關於麵疙瘩，在台灣也有，所謂的 Rovioli 我們也翻譯成義大利「水餃」不是嗎？世界各國料理是有共通之處，也許互相學習，也許擷取靈感再做改變，只要是帶給人們飲食上開心的享受與經驗，我覺得都是好事！

還記得第一次做麵疙瘩料理，我居然跌破眼鏡的第一個交作品，這應該跟我父親的祖先來自中國北方，我有著愛吃麵食的基因有關吧？看看我這道「阿爾薩斯麵疙瘩」就有別於一般義大利口味的麵疙瘩，它又稱為「皮耶蒙特式馬鈴薯麵疙瘩」。這樣猜到了吧？這個麵疙瘩的口感有別於以往吃過的麵疙瘩，加了馬鈴薯泥，吃起來比較滑嫩，還有馬鈴薯的香味。麵疙瘩的捏法也是千奇百怪，我特別喜歡今天學到的這種傳統形狀，先用手掌滾出一個圓球，再用叉子壓出花紋，然後推起來的時候，自然形成圓柱體。要清楚的看出來叉子壓出來的花紋，否則就要揉掉重做。加了馬鈴薯的麵團特別柔軟，所以捏形狀的

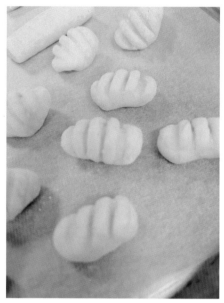

▲ 直筒形（感謝台灣藍帶授權照片之使用）　　▲ 傳統壓紋（感謝台灣藍帶授權照片之使用）

時候，力量也不能太大，否則就扁掉了，完全是一種訓練手感的技巧呢！

原來法式麵疙瘩還有另外一種有名的麵疙瘩，是以泡芙麵團為基底的「巴黎式泡芙麵團麵疙瘩」有點像是焗烤麵疙瘩，除了麵團的材料如同泡芙一般需要加入蛋液，還用白醬舖在麵疙瘩上再進入烤箱烘烤而成，是法國人喜愛的麵疙瘩。

大家都知道法國人愛吃蝸牛，沒想到除了焗烤蝸牛以外，還可以把蝸牛跟義大利水餃結合，這道「蝸牛義大利餃與菇類奶油醬」聽起來很新奇，吃起來口感真不錯。為了取得漂亮的顏色，我們學了如何從菠菜裡取出葉綠素，我們要的是顏色與

▲ 皮耶蒙特式馬鈴薯麵疙瘩

▲ 皇冠形狀的義大利水餃
（感謝台灣藍帶授權照片之使用）

汁液，而不要大量的纖維。然後將葉綠素混入麵團裡，做出天然綠色的大型水餃。蝸牛切小塊，另外製作雞肉慕斯，也就是將雞肉絞碎後用蛋白及鮮奶油拌勻加入奶油炒過的紅蔥頭。由於慕斯的質地是軟的，所以在包水餃前，應該先將慕斯急速冷卻，這樣才容易塑形。西式水餃的捏法與中式完全不同，簡單說，就是由兩大片麵皮組成，才切成一份一份四方形水餃，如果喜歡圓形或其他造型，再用模具壓出來。另外也有像我們做餛飩一樣的傳統手法，捏出小小的皇冠，這種概念，跟我們元寶形狀的水餃有一樣財富權貴的象徵意義。

這裡還必須教你們辨別菜單上出現水餃的義大利文可能有些微差別，當你看到 Raviole 結尾是 e，表示單數，也就是一個盤子裡只會有一顆巨大的水餃，當然裡面的餡料會比較豐富多樣。但如果是 Ravioli 結尾是 i 的時候，表示複數，也就是會有很多顆普通大小的水餃。了解了以後，送上菜時才不會跟預期有很大的誤差，以為服務生送錯菜了呢！

▲ 菠菜餃

▲ 單顆大水餃

▲ 三顆小水餃

這一道「瓦倫西亞海鮮飯」就是來自西班牙的歐陸料理，漂亮到必須整個平底鍋上菜，才不會破壞整體食材與色彩的搭配。關鍵食材一定要選用 Chorizo 西班牙臘腸，另外雞肉、洋蔥、番茄、紅椒……等等是基本材料，記得別漏掉番紅花，才能讓飯的顏色染上自然漂亮的橘紅色。海鮮類也少不了大蝦墨魚及蛤蜊，綠色由豌豆跟巴西里來負責，最後幾片黃色的檸檬讓海鮮的味道更鮮甜。

　　西班牙與義大利是兩個很重視大型家族聚會的國家，所以像這樣的大鍋上菜，非常符合熱鬧的氣氛，對於法式料理走的小型精緻路線適合嗎？我很好奇。是的，這樣熱鬧的料理的確不適合出現在精緻的高檔法餐，但在南法的鄉村餐酒館或接近西班牙的法國西南部，還是看得到相似的海鮮飯，也就是改良過的法式海鮮飯。

　　總結法西義三國都有的燉飯，有何明顯的不同？我個人覺得西班牙的飯比較乾，口感像是蒸出來的熟飯或炒飯，而法式燉飯一吃就是濃濃的起士奶油味，老大哥義大利燉飯則吃得出軟硬適中且粒粒分明的米飯。你喜歡哪一種呢？

▼ 瓦倫西亞海鮮飯
（感謝台灣藍帶授權照片之使用）

14
爭取主廚秀志工一舉兩得，
既可近距離學習，還換得旁聽機會

　　藍帶的學費實在不親民，平均一天的課要價一萬元台幣，當然由正宗米其林三星 15 年以上資歷的主廚上課，又是小班制，再加上用這麼好的食材，實在是物超所值，但是如果有機會可以「免費」旁聽課，那豈不是太值了。所以一聽到擔任主廚秀或是學校舉辦的活動的志工，每兩次就可以獲得一次免費旁聽的資格，立刻在心中許下了小小目標，只要有主廚秀，特別是回到台北，我一定報名。

　　陣容最堅強的一次志工經驗是一年一度的「烘焙展」，藍帶每年都是最吸睛的攤位，尤其是我們一整天會連續安排好幾場的主廚秀，雖然這是烘焙展，甜點秀是主角，但是在連續 5 天整個展覽館充斥著烘焙甜點的氣味，的確需要來一點法式輕食料理作為讓人耳目一新的附加禮物。

　　我這個台北人碰上了這個在台北南港展覽館一年一度的大

事，是一定要全力幫忙的。

　　除了甜點 Chef Florian 拿手的大型糖雕藝術，從第一天就開始連續設計與製作直到最後一天展現成品外，學校還邀請了

▲ 展場櫃台（感謝台灣藍帶授權照片之使用）

▲ 展場桌邊
（感謝台灣藍帶授權照片之使用）

▲ 藍帶畢業金銀獎牌
（感謝台灣藍帶授權照片之使用）

來自上海的甜點主廚 Chef Jerome 一同參與，活潑可愛又幽默的 Chef 示範藍帶商標的巧克力讓大家品嚐，也做了巧克力慕斯蛋糕。我報名當志工的其中一場就是擔任上海 Chef 的助手，當然是要說上幾句法文讓 Chef 留下好印象。沒想到 Chef 第一句問我：「妳是料理班還是甜點班？」我有點沒自信的回答料理的時候，沒想到 Chef 居然還回頭鼓勵我，「妳放心，妳要做的事情很簡單，遞給我需要的工具跟拿回我用完的工具跟碗盤去清洗就可以了」哈哈，能夠擔任藍帶明星主廚的小助手，連遞東西跟洗東西的樣子都充滿了自信。

▲ 連續三天製作的大型糖雕
（感謝台灣藍帶授權照片之使用）

▲ 我與幽默的上海 Chef Jerome
（感謝台灣藍帶授權照片之使用）

　　我在台北的親朋好友，尤其是師丈都來捧場跟幫忙，感覺師丈也做了一份志工的工作，好幾次幫忙學校經理拿著識別通行證帶訪客進會場呢！又是那句老話「我不計代價的夢想，換到他假日加班當志工幫手的無薪代價啊！」

　　這場烘焙展學校還請了資深學姊來表演一場法味泰式料理，讓我開了眼界，原來藍帶畢業的學姐學長們，不一定都是走入法式料理的世界，反倒是把法式料理的精神與泰式／義式／日式……等等其他接地氣的料理結合。我們可以稱這些為法味泰式，法味義式，或是帶有法式元素的日式料理……等等的

▲ 天然食用花染色的藍色米飯（感謝台灣藍帶授權照片之使用）

名稱。因為法式料理早已不受限於地區與食材，更不是固定不變的食譜，而是一種料理藝術，崇尚新鮮手作食材，尤其注重醬汁與湯頭，是一種精緻又極具創意擺盤的料理藝術。誰說將來我不能將法式元素帶入中式料理呢？

最後一天是我的料理主廚 Chef Sebastien 上場，Chef 一到會場，馬上把整個工作檯跟檯面下的空間清空，重新按照他的流程跟習慣佈置的有條有理，包括多少工具，要清洗後再次重複使用的工具都在計劃之中，擔任過他的助手後，我發現幾

乎沒有太多需要做的工作，Chef可以一邊跟觀眾們輕鬆幽默的溝通，一邊自己清洗他的工具，完全不依賴任何助手就可以獨立完成一場精彩的主廚秀。原來我的工作要到Chef完成擺盤得到熱烈掌聲後才開始。

▲ 得到Chef示範的作品是志工的福利之一（感謝台灣藍帶授權照片之使用）

我的工作就是平均漂亮的把 Chef 的成品分到試吃小盤裡，別小看這個工作，Chef 還是很嚴格的要求，每個試吃盤的元素不但要平均完整，比例與顏色都要顧到，讓每一位試吃的客人，都感受到高檔法式料理的水準，這一場秀讓我真的見識到了什麼是真正厲害的「廚房裡的組織能力」呢！

　　還有一回也是發生在台北，這次的主廚秀，學校租的是瑞典進口廚具展示間，第一次合作，有些地方沒有溝通清楚，當

▲ 認真分裝試吃盤（感謝台灣藍帶授權照片之使用）

天到了會場，才發現廚房沒有提供高速果汁機，因為當天主廚要示範的麵疙瘩是青醬口味，需要用高速果汁機把新鮮羅勒葉做成細細的青醬。發現的時候離開場只剩 30 分鐘。學校同仁大都從高雄來，台北不熟，臨時也借不到。我突然想到家裡就有一台，可是汐止有點距離，看來師丈又要擔任志工了。已經在高速公路上的師丈，臨時接到緊急指令，立刻飆車回家再飛車趕回台北市區。來回怎麼說也趕不及開場，但這真的是唯一的機會了。

當我們把情況告知 Chef 後，Chef 不疾不徐只問了我兩個問題：第一，開場後半小時內，送得到嗎？第二，妳會不會使用？哈哈哈哈，原來 Chef 比較擔心的是那可能是一台我沒用過的新機器。「當然會啦！放心，沒上藍帶以前，我幾乎每天用來打我的彩虹蔬果汁呢！」我很有自信的回答。

這開場前的半個小時，我簡直緊張到五分鐘看一次手機，確認師丈到哪裡了，有沒有碰到塞車，直到開場了，怎麼 Chef 一點都不緊張，還輕輕鬆鬆地捏著麵疙瘩，直到我的眼前有一台熟悉的果汁機傳遞過來，我才鬆了一口氣。剛好接上青醬製作，我可不能漏氣，Chef 點名要我操作，順利達成任務。

又是精彩的一場秀，精彩的不只是料理本身，還有 Chef 的自信與鎮定。Chef 會後才跟我說，這種臨時缺少工具或是機器壞了的情況，他當 Chef 這麼多年，早就見怪不怪了。他說「Jennifer，萬一真的沒有機器，妳會怎麼做？」是啊！不可能事事順利，凡事得有第二方案。Chef 說「我在第一堂課

就教會你們的 Hacher 切泥不就派上用場了嗎？真的沒有機器，記得雙手萬能，再加上我們的藍帶主廚刀所向無敵！」

又一次讓我的不計代價成為師丈飛車高速公路的辛苦代價，學校同仁們包括 Chef 都覺得我很幸福，有一位用行動支持我的老公，我真的無以為報，只有認真學習，不斷進步，不要受傷，少點突發狀況就是最實際的報答了。

▲ 主廚秀的隨機應變（感謝台灣藍帶授權照片之使用）

15
我的擺盤天份來自辦家家酒

　　在還沒唸藍帶之前，小貝在家做菜，就有法式料理的影子，盤子的選擇，從大小，形狀到花色都不能馬虎，如果食物的顏色比較淡，可以選用深色盤子，若有深色醬汁的食物，還是淺色或白色的盤子最能展現食物的美，這是一個鋼碗用到底的師丈無法理解的。喝咖啡、喝茶、喝紅酒白酒或香檳的杯子也都不能馬虎，那是一種我對食物跟飲料的尊重，當我認真的處理它們後，也要認真的享受它們。

　　不只是餐具的挑剔，環境也很重要，我特別喜歡把天然的環境融入用餐的氛圍，所以家中的餐桌還不是我第一首選的用餐地點。我特別喜歡坐在山邊的大面窗台上用餐，有山景湖景，還有植物相伴，搭配的餐墊也很講究，讓整個用餐的氣氛達到最美好的狀態，連蜜蜂蝴蝶這些小昆蟲偶爾也會加入我們。

　　慢慢的，不只是料理動作慢，用餐的速度也很慢，因為一邊享受美食我還得一邊好好欣賞每一個元素，這種用餐的步調要胖都很難。

▲ 充滿儀式感的早餐

▲◀ 山景伴早餐

▲ 早餐俯角

用現在的話語稱之為「儀式感」，但小時侯，我們就叫它「辦家家酒」。沒錯，原來這種擺盤的天份是來自孩童時代的家家酒習慣呢！

　　每個人聽到法式料理，第一個想到的特色就是精緻有藝術感的擺盤，而且常常是在一個很大很大的盤子裡，放進很少很少的食物，主食之外充滿了一堆精緻的裝飾。初級班的三個月，我們的實作課，必須做出跟 Chef 一模一樣的擺盤，是一種法式基本擺盤美感的訓練，我歸納出了幾個 Chef 要求的基本標準。

　　首先，如果是深盤或是淺盤這種有內圈的盤子，食物與盤子內圈必須至少有一公分的空白距離，是的，這樣不會有壓迫感，份量肯定不會過多。

　　再來，主菜如果置中，那麼塊狀配菜如馬鈴薯或紅蘿蔔，通常照三角形的頂端位置放上，不只一樣配菜，則可以在前一樣配菜兩兩之中再加入第二樣配菜，一個馬鈴薯一個紅蘿蔔一個馬鈴薯一個紅蘿蔔……就是很典型的排列方式，而事實上法國 Chef 也特別偏好橄欖形狀的配菜，所以轉削馬鈴薯跟紅蘿蔔是我們的日常。

　　醬汁的擺放也是有學問的，如果主菜是牛排，特別是指定三分熟的漂亮紅肉，是絕對不能被醬汁遮住的，這時候，醬汁必須環繞主菜或是在旁邊放上少許。有時候醬汁是比較稀的肉汁，為了不碰到主菜，可以利用蔬菜或小米燉飯等架高肉類主菜。

▲ 馬鈴薯紅蘿蔔是配菜的常客

▲ 醬汁環繞主菜

➤ 用蔬菜墊高主菜

另一種擺盤是將主菜與主要配菜各分左右，但必須注意主菜的比例依然是主角的地位，不能讓配菜搶掉風頭。既然有主從之分，兩者的形狀應該不同。如果肉類或海鮮類的主菜是長方形，那麼配菜可以做出圓形擺放，讓整盤視覺比較平衡。

▲ 蛋與配菜左右擺放

▲ 配菜環繞主菜

最後的裝飾可以由嫩豆苗完成，也可以使用食用花，讓這一盤料理如同一幅美麗的圖畫。另外還有 Chef 很喜歡的自製綠油（香草油）或是龍蝦做出來的天然紅油，也有畫龍點睛的效果。

▲ 用花裝飾蟹肉慕斯

▲ 用橄欖油將煎後的鴨皮刷亮

　　記得帶皮的肉類，如鴨排或雞腿，最後呈現時，應該刷上一層亮亮的橄欖油，閃亮的光澤立刻讓主菜的美味級數上升。

　　到了中級班，我們偶爾得到指令，今天的擺盤，可以自由發揮，讓每個學員摩拳擦掌。還記得有一回，我已經將作品端

上 Chef 的工作台，才想到我應該撒上一些卡宴辣椒粉，不是為了味道，完全是為了顏色搭配。我在 Chef 開口評分前，大叫一聲「Wait！等我一下！」然後捏了一些辣椒粉，用慢動作，高高舉起，輕輕撒下。Chef 在一旁笑著說「Jennifer，妳是不是料理電影看太多了？是不是太戲劇化了啊？」是啊！好像高高撒下的效果就是會特別美味一樣。我越來越喜歡擺盤了，像是上一門藝術課一樣。

▲ 搭配派而設計的各種形狀配菜

▲ 鴨胸的高檔配菜偽干貝

　　這一天，我們分組用了兩堂課完成油封鴨，準備擺盤時，
Chef 宣布你們可以自由擺盤。首先，鴨胸肉的呈現可以有不
同形狀跟不同數量。一塊長條鴨胸，或是三片薄鴨胸，或是三
塊小四方……，我決定維持長條狀，發揮創意在主要配菜蕪菁
（類白蘿蔔）上，做出仿干貝的效果，再在每一塊白色圓柱

體蕪菁上方舖上鴨肉的最佳拍檔之一「柑橘果肉」，不但做出漂亮色彩，大小形狀也搭配合宜，重要的是一起入口的口感更好。

沒想到第一次創意擺盤，就得到了 Chef 的讚美，讓我又興奮又開心。但 Chef 提醒我，「也不能花太多時間在擺盤上，妳知道為什麼嗎？」「不知道。」「因為等妳太完美仔細的擺盤結束，妳的菜都涼了啦！」哈哈哈哈！

有時候配菜因為形狀太美，吃以前根本看不出是什麼食材做的，就像我這一道「鮭魚扇貝慕斯捲燴煮萵苣與奶油醬汁」，大家看到我的照片第一時間都是問我「怎麼法餐也教漂亮的小籠包啊？」。把我笑死了，因為在這道料理的名字裡它們三個完全沒有出現，實在猜不出那是什麼。但我再一看還真像小籠包呢，從此我就把這個工法稱為「轉削偽小籠包蘑菇」。

後來又有人說，它們明明是屋頂上一直旋轉的排風扇嘛！哈哈哈哈，難道這才是靈感的來源嗎？

這一天終於見識到也親手製作出所謂的「分子料理」，十多年前開始風行法餐界，首度用在「人工魚卵」上，在分子料理中被稱為「晶球技術」，在食品科學中，被稱為「微膠囊技術」的分子料理。關鍵主角是海藻酸鹽，主要萃取自褐藻，如海帶、馬尾藻或巨藻等，是一種天然多醣。當「海藻酸鈉」溶於水中形成長鏈聚合物，與「鈣離子」反應後會增加膠體的黏稠度。所以當海藻酸鈉溶液滴入氯化鈣溶液中，鈣離子會取代海藻酸鈉上的鈉離子，再結合另一醣醛酸分子上的羧基，形成

▲ 鮭魚扇貝慕斯捲的美妙配菜僞小籠包

離子架橋這種手拉手的結構，一個三度空間的網狀組織結構，將內容物包裹於凝膠結構裡，形成晶球。

　　好像上了一個化學課，完全聽不懂，但運用現成的小機具，就輕鬆的讓今天的豌豆泥瞬間變成一粒粒漂亮的豌豆晶球。感謝前人的想像與發明讓法式料理的擺盤更現代化更美！

▲ 製作豌豆晶球

▲ 分子料理爲龍蝦配菜加分

同樣說到現代法餐，泡沫也是寵兒之一，當你在菜單上看到這個法文字 Espuma 就可以期待漂亮細緻的擺盤將出現在你眼前。

　　製作泡沫有兩種方式，比較傳統的就是將醬汁加入卵磷脂後，用打泡機將它打發。這樣的做法打出來的泡沫有點像咖啡拿鐵的奶泡，比較鬆軟，無法維持太久。另一種非常綿密的泡沫，是用氮氣瓶瞬間高壓製造出來的。第一次學怎麼拆解跟組裝氮氣瓶，特別是裝入兩顆二氧化碳金屬，簡直像極了兩顆子彈。聽 Chef 說，過往在廚房裡親眼看過有些廚師因為使用不當，在氮氣衝出的瞬間傷到自己或是傷及一旁無辜的廚師，嚇得我一時之間還不敢重壓，就為了蟹殼上這麼一小圈綿密漂亮的黃色泡沫，死了好多細胞呢！

　　有人問過我，料理好的食物，下了肚讓胃液分解後，不是什麼都一樣嗎？何必花那麼多工夫在擺盤上，吃完就沒有啦！我其實喜歡簡單生活，但卻在擺盤上弄得複雜而不簡單，我覺得那是一種發揮「想像力」的過程，擺盤也是一種享受的過程，就像畫家畫畫，音樂家作曲一樣，我們都是把靈感展現出來，只是透過不同的媒介。珍貴的是，畫作可以留下，音樂可以流傳，但美麗的料理擺盤，吃完了就沒啦，難怪有人說法餐「美到捨不得吃」，還好有照相技術的發明讓主廚的每一盤靈感多少可以留下一些紀錄！也許未來 AI 技術高度發展後，連味道跟溫度都可以留下，讓美味的分享更完整了呢！

▲ 蟹殼上的泡沫是亮點

16
高級班─創意料理的開始

　　高級班果然高級，每堂課像是把無數的技巧集合在一道料理上，又要分解動物，又要低溫舒肥，又要高溫香煎，做醬汁，做慕斯，還可能要做炸物或烤派皮，而每一樣動作在盤子上呈現，可能只是幾小滴或是一小片，這就是高級班的日常。

　　看看這一道「曼特農式羊排佐四季豆與鴨油馬鈴薯配地瓜薯片」裡面有多少工法要在兩個小時內完成，非常懷疑曼特農是何方神聖？有這麼化簡為繁的本事，還流傳至今？

　　取下羊排已經不容易，再拍打成薄片，意味著要包裹內餡兒。內餡兒是特別的火腿蘑菇與松露製作而成。確保羊排能完整包裹，再包上一層豬網油，然後香煎後再進入烤箱。鴨油馬鈴薯泥則要以炸物方式呈現，可以自己決定炸物的形狀，圓筒狀是很適合的。蔬菜的部分有四季豆來鋪底，平衡色彩又可以墊高主菜，一舉兩得。過濾掉所有調味蔬菜後的醬汁還需要加上大小一致的蕃茄丁，讓醬汁的質感豐富一些。最後那一片橘色的炸片是什麼呢？為了那一小片，得先製作地瓜泥，進入烤

箱前，讓它在不同器具上捲曲，可以做出各種不同的形狀，最後選出一片來裝飾。

▲ 曼特農式羊排佐四季豆與鴨油馬鈴薯配地瓜薯片

還有這一道「甘藍鴿胸捲佐野菇餡餅」，特意練習迷你版的宰切分解，沒錯，分解雞鴨到了高級班的我們，已經非常熟悉快速，不過迷你版可立即看出我們細心與否，所有熟悉的肌肉與關節都縮小了將近 1/5。意思是我得用迷你小鴿腿做出棒棒糖的效果，用小小一片皮包裹內餡兒而不能爆漿，這麼費工夫的角色還只是配角。甘藍捲才是主角，關鍵是最後的橫剖面必須看到每一樣元素：肥肝、鴨肝與鴿胸，不同深淺的顏色排列在慕斯之中，不但要呈現美麗的層次感，不同質地的元素口感也完全不同。大家都按照筆記將每一樣元素依順序排在甘藍菜裡，但每個人切出來的剖面就是長得不一樣，切開來的那一秒有一種定生死的緊張，沒想到我的剖面看起來還不錯，鬆了一大口氣！

▲ 鴿胸捲的橫剖面是重點

高級班有兩次「驚喜籃」的課程。對 Chef 來說是「驚喜」，第一次沒有食譜腦袋空空進廚房感覺一陣「驚嚇」，只有做得好才能讓人「驚奇」。在門口排隊時，從玻璃窗裡偷看廚房，看看能不能看出什麼線索有點心理準備，結果什麼都看不到，原來所有的驚喜都在每一個學員的個人冰箱裡。這時候有智慧的同學說了一句話：「怕什麼！就當家裡突然來了客人，你沒時間買菜，直接打開冰箱，看看有什麼剩餘的食材，有什麼就做什麼啦！」這個心理建設很棒，只是突然來的客人不會品頭論足的打分數跟要求各種工法與料理技巧都要呈現出來吧？

　　同學的安慰對我起不了作用，還是感覺像是參加地獄廚房般的料理競賽，衝進廚房，拿到一張食材清單，一看，主菜是鴨肉，開始回想這幾個月學過幾種鴨肉料理？油封？時間不夠，做鴨肉內餡兒捲嗎？用什麼包裹？第一次驚喜還是不要出現太多的驚嚇，選擇安全的舒肥＋香煎鴨胸吧！把創意放在配菜上，決定用漂亮的風琴馬鈴薯增加美感，把平時去除鴨肉油膩感的柑橘改成水蜜桃，並挖成小球狀，保留漂亮的粉紅色果皮……。

　　料理的過程，Chef 會走到每一位學員身邊，問問大家的想法跟設計，希望我們儘可能善用各種食材，並看到高級班程度的料理技巧。全班十個腦袋真的有十種不同的創意，呈現出完全不同的鴨肉料理。最後一字排開擺在主廚台上，由學員們自行評分，選出心目中最佳作品。

　　看到大家的表現，真的是令人驚奇不已。有我沒想到的鴨

▲ 風琴鴨胸

肉派，即使是鴨胸，沒有一盤的形狀與排列是一樣的，配菜更是變化多端，有漂亮的蔬菜「泥」跟蔬菜「捲」，甚至還出現了麵疙瘩。我懂了，原來我們的驚喜不只來自未知的食材，而是最後展現時，從同學們的作品中學習到的靈感與創意。Chef的會後講評更是精彩，「我看到了很多工法，但我沒看到有人做慕斯，我沒看到有人做填餡兒，我沒看到有人做……。」哈哈，Chef 一口氣把所有的料理技巧跟工法都說了一遍，咦？我們才 10 個人，怎麼可能用到所有的技巧呢？原來這是 Chef 給我們的另一個驚喜，利用這堂課，幫我們快速的從腦中喚起這幾個月學習到的技巧，突然間覺得自己不再只是照表抄課的機器腦，開始練習怎麼把學過的技巧自然地運用出來，這收穫才是我們最大的驚喜啊！

另一堂創意課是從提供的多樣化的食材裡，設計三道料理，從前菜到主菜到甜點。抽籤兩人一組，早上下午兩堂實作課，兩人輪流當主廚跟助手。除了學習設計食譜外，還學習怎麼在廚房管理人事，分配工作，讓人力發揮到極大化，順利準時的完成任務。其中有一點小規定，前菜必須是海鮮，主菜是肉類，甜點要用到水果。這跟驚喜籃不同的是，我們可以事先拿到食材表，驚喜的是跟你一組的學員當天抽籤才知道。

原本決定做一道螃蟹慕斯當前菜，前一天才知道，螃蟹的肉少得可憐，趕快換成填餡墨魚。主菜的部分用雞肉，做了一道標準版本的蘑菇醬汁烤雞，Chef 覺得我的技巧太容易，沒有好好發揮高級班的能力，殊不知我打安全牌，不求艱深花俏，

▲ 另一次驚喜籃作品鴿腿棒棒糖佐地瓜泥

先求順利完成。倒是我最弱的甜點，做了我最愛的蘋果塔，全憑想像，但居然還蠻成功。

▲ 自創三道料理

▲ 墨魚前菜

▲ 蘋果派

▲ 雞肉主菜

　　當然我有一位老鳥助手 Mia 也是順利的關鍵，但面對有比我更有經驗更優秀的「助手」時，我常常忘了自己是主廚，還偷偷問她我做的動作對不對，她有技巧的回應我，「現在我是妳的助手，該妳指示我怎麼做喔！」是的，終於有一天，我不再求助於人，還可以分派基本工作給助手，這種成長好多的感覺還真不錯！

合作的方式越來越多變化，今天起連續三天不在教室上示範課，直接進廚房展開「工作坊」的訓練。也就是邊聽 Chef 的指令，回到工作台直接執行。當然每個人還是得做出自己最後的擺盤，只是有些部分負責的同學要一次做出 10 個人的份量。

首先上場的是一個巨大豬頭，這輩子我只有在電視新聞裡的廟會才看得到一整隻巨大的神豬擺在桌面上，藍帶廚房是我第一次親眼目睹一顆大豬頭在我眼前微笑著。它將是這次工作坊食譜裡「法式布丁血腸」的重要食材跟「雞肉派」與「雞肉凍」的部分食材。這麼豪邁的工作，當然由本班男生負責，但是血腸的血誰來處理呢？包括我在內，從上海校轉來的香港女生 Stephanie 跟本班最酷女子 Mia，一起接下了這份血淋淋的工作。凝結的血必須用均質機打散，其他準備餡兒的同學也落不得輕鬆，你知道要把一大籃蘋果切成 3mm×3mm 大小一致的小丁有多累，再外加一大籃的洋蔥，這就是真正餐廳的日常。Chef 說「有些高檔法餐，在你剛進入的頭一年，永遠都在削馬鈴薯，切洋蔥丁到厭世，今天讓你們體會一下。」直到第二天開始灌血腸，那才是精彩呢！需要三個人，一人灌內餡兒，一人握著腸衣，確保灌進來的餡兒推得均勻，再一人負責旋轉幾十公尺長的血腸，一旦不專心，推得不均勻，都會浪費時間再調整，又是一個需要手臂肌肉的活兒。不只男生，女生們也輪流幫忙。

最終一圈又一圈的血腸長達幾十公尺完成進入蒸烤箱，蒸

▲ 豬血

▲ 灌血腸

出後的血腸從紅色變為黑色，撕下薄膜後再香煎外皮，儘管顏色不太討喜，但吃起來還真的有布丁的滑嫩質感，我感覺像嫩嫩的雞肝慕斯，還吃得到柔軟的蘋果丁與洋蔥丁，讓這道血肉料理清爽很多。

　　雞肉派是一種果凍概念的肉派，底層內餡嚴守橫剖面必須要全員到位的規則，從肥肝、雞胸、胸腺到紅蘿蔔，一樣都不能少，還必須均勻分布才不失美感。創意的表現 Chef 留在表層，條件是運用蘆筍及紅蘿蔔。我們可以盡情發揮想像力，排列喜歡的圖案後再倒入馬德拉果凍，進入極冷冰箱後，花紋在果凍裡像是鑲進去的美麗圖畫。Chef 突發奇想，這道料

理在第三天呈現後會讓學校員工票選，冠軍可以端著作品登上學校的社交網頁媒體，最後由班上最美孕婦，我口中大眼美女 Amanda 奪冠，是不是這胎小 baby 也有藝術跟料理天份啊？

▲ 我的果凍雞肉派

還有一道「煙燻鱸魚佐咖哩白花椰菜庫斯庫斯」讓我們學習如何做出「煙燻」的效果。我們將帶有天然香味的木材碎屑倒入煙霧製造器後開始點火，用玻璃罩將要煙燻的魚肉密封罩起來，這樣打入的煙就會慢慢的進入魚肉纖維裡。這個動作感覺像是抽著一個巨大的煙斗一般，煙燻過的魚肉，再用一些柳橙果肉與檸檬汁淋在配菜上，讓口感清爽許多。

▲ 煙燻鱸魚佐咖哩白花椰菜庫斯庫斯

▲ 煙燻鴨胸佐芹菜蘋果沙拉與核桃油醋醬

　　煙燻不只用在魚肉上，鴨胸也很適合。於是就有了另一道「煙燻鴨胸佐芹菜蘋果沙拉與核桃油醋醬」芹菜蘋果沙拉首在切工，倒是這道加了碎核桃的油醋醬非常完美，除了遵循法式油醋醬必要的芥末外，另外添加芥末仔跟核桃油，讓風味更豐富。應該說主菜是煙燻的重口味，醬汁也要豐富濃郁的重口味。

最後一道「雞肉凍」特別在內餡兒增加了無花果乾跟碎開心果，讓原本預期柔軟的肉凍變得酥脆，頓時活潑了起來！

連續三天的工作坊讓我們體會真正在餐廳裡，各司其職共同完成任務的模式，又是一種廚房新體驗！

▲ 雞肉凍橫剖面

17
八個月後的成果展

　　這是一個僅次於畢業典禮第二重要的活動，在畢業前一個月，也就是我們已經學習 8 個月了的時候，在學校舉辦。如果從展現料理的學習成果來看，我真的覺得成果展比畢業典禮更重要！每位學員可以邀請兩位親友參加成果展饗宴，我們全班將連續三個整天，待在廚房，做出整套法式料理，包括冷盤熱盤都有的前菜，不同肉類的主菜熱食，多樣化麵包及風味米飯。全班共同完成的 40 人法式饗宴。

【當天的菜單】

✦ **四樣雞尾酒開胃前菜**
　　彩椒燻雞肉凍佐白花椰醬
　　煙漬鮭魚泡芙佐辣根奶油
　　蕃茄龍蝦奶酪
　　茄香塔與羊奶奶酪

✦ 五道肉類冷盤

　　大理石豬頰肥肝佐熟蛋黃醬及竹炭麵包

　　迷你蘋果豬肉派佐蘋果酒

　　鹿肉凍派

　　咖哩魚肉捲與香草淋醬

　　泰式牛舌沙拉

✦ 四道主菜與異國美食

　　加勒比海風味飯

　　油封鴨

　　摩洛哥羊肉煲

　　低溫烹調孜然牛肋排

✦ 三種麵包

　　印度烤餅

　　佛卡夏

　　鄉村麵包

　　首先花了一堂課的時間分配工作並討論食譜。我們班只有 10 位同學，平時暗暗竊喜擁有小班制的學習，但到了活動饗宴，每個人負擔的工作量就變得很大，除了自己負責的那一道

料理，提前完成的同學，還可以志願多做一些，或是幫忙其他同學。所以也多少要了解一下其他同學的料理內容，這樣才能有最大的收穫。

　　我選到了「咖哩魚肉捲與香草淋醬」，不像平時上實作課，只為了呈現出一盤作品，只要按照食譜的份量，通常是為了 2-4 人準備的，比較容易掌握。但這三天我們要做出 40 人的份量，果然我拿到了 8 條魚要宰切分解，一口氣練習「取魚菲力」到了純熟精練的地步。雖說是魚肉，但其實是被帶有咖哩口味的魚慕斯包裹起來的長條魚凍，最後還要用海苔捲好，再切成單片。關鍵味道的來源是香草淋醬，我真的是用了一大籃的巴西里、香菜、龍蒿跟蝦夷蔥……等等的香草與優格製作出又漂亮有充滿香氣的綠色淋醬。

▲ 分解 8 條魚

▲ 香草全員出動

▲ 海苔包裹的魚肉捲

　　比起其他同學，我算是選到了一道輕鬆容易的料理，當然就有時間看看同學們的料理秘訣與技巧，一方面幫忙，一方面學習。

　　其中幾樣令我印象深刻的料理，像「彩椒雞肉」的肉汁製作，用了一大鍋的雞翅膀當骨架熬煮了一大鍋的雞肉高湯，再使用法式澄清法，做出乾淨透明的雞肉汁，豐富的膠原蛋白讓最後的雞肉汁結成凍，實在讓我不得不想將菜名加上「凍」字

▲ 咖哩魚肉捲與香草淋醬

成為「彩椒雞肉凍」。而白花椰菜醬汁，與其說是醬汁，不如說是白花椰菜泥，過篩了纖維的花椰菜，細緻到以為是白醬，直到入口吃到白花椰菜的芬芳，才知道是什麼。

「蕃茄龍蝦奶酪」必須處理一簍的龍蝦，取出龍蝦肉與蕃茄丁做成沙拉，關鍵在於蝦蟹濃湯做法，龍蝦殼與調味蔬菜的

▲ 彩椒雞肉凍

▲ 蘋果豬肉派

　　拌炒，到白蘭地的焰燒，再小火慢燉出龍蝦的鮮味，最後再拌入鮮奶油做成奶酪質地，是我最喜愛的一道前菜。

　　「迷你蘋果豬肉派」與甜點「蘋果派」天差地北，原來這是一個豬肉派，但捏成蘋果的形狀，感覺一個一個的蘋果上菜，不但控制份量，也用派皮減低肉的油膩，倒是豬肉餡兒中除了

蘋果丁以外，把紅白酒的部分改為蘋果白蘭地，讓豬肉派一口咬下，充滿了果香！

「醃漬鮭魚泡芙」的點子很棒，因為這一期沒有甜點班，所以成果展的內容全是料理，於是 Chef 決定讓幾道料理都帶有法式甜點的元素。就想起一道蘋果豬肉派的「派皮」，跟這一道鮭魚「泡芙」一樣。學到了一招讓橘色的醃漬鮭魚呈現不一樣的紅色，原來是用了天然的火龍果果泥去浸泡。不僅顏色突出，也讓醃漬的鹹味被火龍果的甜味中和一下。鮮奶油使用辣根打成泥製作而成，這樣的辣味反而圓滑柔和。

◀ 醃漬鮭魚泡芙

▲ 醃漬鮭魚泡芙與龍蝦奶酪（感謝台灣藍帶授權照片之使用）

▲ 油封鴨腿與公爵夫人馬鈴薯

主菜中經典有名的「油封鴨腿」經過兩天的油封後，最後一天香煎至酥脆。鴨骨熬煮的醬汁特別用紅酒醋增添酸味，是鴨肉最對味的醬汁。配菜則選用漂亮的公爵夫人馬鈴薯，呈現給客人的時候，有畫龍點睛的效果！

　　米飯的主食「摩洛哥羊肉煲」大受歡迎，本就帶著法國色彩的北非摩洛哥，這一道羊肉煲，用的是北非小米「庫斯庫斯」作為米飯部分，但羊肉料理可是非常法式的技巧工法。尤其是料理前，選用各式香料與羊肉醃漬 12 個小時的步驟，是香料入味的關鍵。第二天的小火慢燉，將羊肉煮至軟嫩，最後搭配原味優格一起使用，完美呈現！

　　「低溫烹調」的牛肋排，可真是道道地地的低溫 56 度，舒肥了整整 48 小時。這樣的慢功夫，讓整塊牛肋排切開後呈現漂亮的紅色，標準的三分熟。牛肉的溫度與質地做對了，已經成功 80%，孜然醬汁的使用與紅蘿蔔泥的配菜倒是令人耳目一新。

▶ 孜然風味的舒肥牛排

我因為提前完成，還幫忙製作麵包棍，雖是很小的配角，但也是我的心血，還故意做了幾根麻花形狀，看看有沒有人發現呢！

▲ 麵包棍（感謝台灣藍帶授權照片之使用）

▲ 親友團見證我的學習成果（感謝台灣藍帶授權照片之使用）

　　原本一位學員只能邀請兩位親友，最後老公、兒子、乾妹妹跟好朋友都能來，真要謝謝把名額讓給我的兩位同學，一位是香港來的插班生 Stephanie，她可是早已開班授課專精蔬食料理的大師，另一位是幫人於無形之中，本班最酷女子 Mia，她們的大方與幫助不只在教室與廚房裡。

客人陸續到齊，我們開始上菜，雖然是自助式的取用，但我們都以單人份量的小盤子，上每一道菜，讓每一道料理都精緻呈現。

▲ 單盤精緻呈現（感謝台灣藍帶授權照片之使用）

Chef 先率領著我們出場，一起歡迎親友們，他致詞謝謝大家的支持，也讚美了我們的努力與付出，最後祝大家用餐愉快！隨後我們穿著全套藍帶廚服，站在桌台後介紹著一道道的料理，當家人走到台前，還會小聲的說，「這是我做的，吃了嗎？覺得怎麼樣？」我也藉這機會，隔著餐台跟我的家人介紹我附近的同學，那些平時在我的通話裡提到的同學，家人們終於看到他們的本尊，也感謝他們平時的照顧與幫助。

▲ 主廚與全體學員（感謝台灣藍帶授權照片之使用）

▲ 為客人介紹菜

➤ 主食區

（感謝台灣藍帶授權照片之使用）

兒子：「媽咪真不簡單，能做出這些漂亮精緻又好吃的料理！」

老公：「來來來，跟 Chef 擺一樣的姿勢合照，很有架勢喔！」

結束後學校安排了攝影人員訪問我們，其中問了一個問題「這次成果展，你們一共花了多少時間準備？」我這樣回答「表面看起來是三天，但其實是 8 個月，打從第一天起，我們所學所做，都是為了今天的成果展而努力……」是的，一餐饗宴的食物，兩三個小時就吃完了，背後幾個月的心血也許看不到，但每一張享用饗宴的臉展現出來的笑容、驚喜與滿足，就是最好的讚美與肯定。謝謝藍帶這八個月！

▲ 我與主廚（感謝台灣藍帶授權照片之使用）

18
九個月歷經三次期中評量與
期末考，從無比緊張到胸有成竹

　　在藍帶不論料理班或是甜點班，要拿到文憑，各要上 9 個月，每三個月一期，從初級、中級到高級，兩期中間也可以休息，不一定要連續學習，也可以在不同國家完成。我認識一位甜點班的同學，就利用藍帶學習順便周遊列國，她的初級在澳洲，目前在台灣上中級，高級還在考慮到上海還是直接到巴黎母校。如果料理跟甜點都完成的學員，還會多拿到一張最高榮耀的「大證書」。愛吃甜點但自覺沒有甜點天份的我，能上完 9 個月的料理就已經太開心了！

　　每三個月一期當中有一個「期中評量與面談」，從期中評量設計的問答可以看出學校對學生學習的重視，第一「請寫出對本階段課程的自我評量及你的個人發展，並舉出你需要增進與加強的部分？」第二「列出你的目標並寫下你想要與 Chef 討論的重點？」最後一部分才是 Chef 對學員的評語與建議。

還記得我第八堂課大哭後，開始進步嗎？自己回頭看自己初級、中級與高級的自我評估跟目標，真的身處不同層次。初級班覺得自己需要在組織能力與速度上再努力。中級時已經不擔心這些基本的能力，而是擺在如何不仰賴筆記，切實執行所學的刀工與技巧。到了高級班，更是提升到醬汁的品質與完美的擺盤，以及如何巧妙運用食材，設計並創造自己的法式料理食譜！

◀▲ 我的筆記

在初級班期中評量的面談中，Chef很高興看到我「開始」進步，並激勵我繼續努力。中級班確認我進步到他不用擔心的程度，並且欣慰我認真練習的態度。高級班呢？Chef誇張的用一飛沖天跟大幅進步來形容我的學習歷程，讓我既高興又不敢懈怠，畢竟這只是「期中」評量，重頭戲在期末。

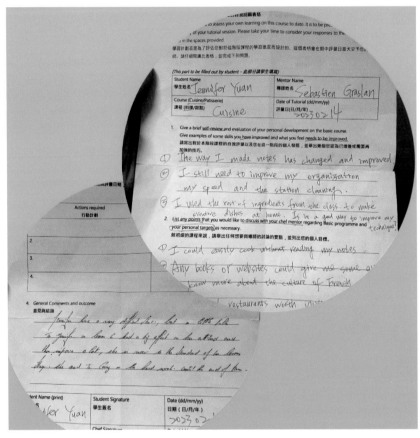

▲ 期中評量（感謝台灣藍帶授權照片之使用）

期末考分散在兩天，第一天是筆試。「蛋黃在溫度幾度的時候會熟？」「下列哪些是英式蛋奶醬的食材？」「有哪些包裹肉餡兒的料理方式？」「可以稱得上勃根地紅酒燉牛肉的必要食材有什麼？」「Roux 是哪兩樣食材的組合？」「Bavlette 指的是肉類的料理方式還是部位？」是的，這些都是筆試的內容！有是非題、選擇題，居然還有問答題！這些題目除了可以參考一些簡單的講義，大都來自 Chef 平時示範課提到的知識，對要當主廚的我們來說，那些甚至算是常識。法文字對同學們來說得花時間死背，對學過法文的我也還是不容易，但我卻很樂意花時間複習，因為在全世界的法餐廚房裡，不論 Chef 的母語是什麼，只要提到經典法式料理的名稱，一定還是得用法文溝通的。

　　一直有模範生情節的小貝，光筆試就弄得比年輕考聯考還緊張，直到聰明的師丈分析了我的分數比例說「筆試僅佔10%，平日佔 45%，妳一直在進步，所以不用太擔心，倒是期末考的廚房實作，光一道料理就佔 45%，這個比例太重，有一種一次定江山的感覺，那才是重點，現在趕快睡覺，筆試輕鬆以對就好！」

　　回想三次的期末廚房實作考試，真的是關關困難關關過啊！

　　實作考試的規則是不能帶食譜進廚房的，在正式考試前 5 分鐘，全員進入廚房，發下一張留了幾處空白的食譜讓我們填寫，這就是當天的考題。然後每隔 10 分鐘，兩位學員同時進

入廚房，每個人有整整兩個小時的實作時間，既不能提早交作品，更不能遲交，只能在一個小時 55 分到兩個小時之間的 5 分鐘交作品。記得嗎？太早完成，主菜配菜及醬汁可能都涼了，扣分！但動作不夠快又怕時間到了還沒完成，直接零分！真的是考驗我們的時間規劃與組織能力啊！

還好仁慈的 Chef 在期末考前有三堂課會列為模擬考，也就是說我們會從這三道料理中隨機抽出一道作為期末考。記得初級班的模擬考有兩道雞肉料理，一道魚料理，Chef 在幫我們複習期末考的時候問大家，「還有什麼問題嗎？」我厚臉皮的問「請問期末考的動物是生活在陸地上還是水裡？」Chef 不疾不徐的回答我「在法文，我們都不叫他們動物！」好吧！禱告是有腳的！因為模擬考魚料理時我因為看反了鏡子裡的左右投影，以致於左右手拿刀拉魚皮不協調，不只拉不下魚皮，還把魚皮魚肉都削的破破爛爛，所以那個階段需要去皮的魚料理還是我的噩夢。

雖然模擬考的雞肉料理我也好不到哪裡去，把大卸八塊變成了十塊，至少只要分解的時候冷靜別太快下刀就不怕錯。因為兩次模擬考都犯了一些不小的錯誤，Chef 在評分的時候為我感到擔心，但我反倒安慰 Chef 說，我很慶幸我是在模擬考時犯錯，這樣真正考試的時候我就一定不會輕忽，錯誤就不會再發生了。果然，最後初級班的期末考抽到的是雞料理，我不但沒有失誤，擺盤那一項還得了滿分。真要謝謝模擬考的錯誤啊！

▲ 初級模擬考雞肉料理

　　中級班的實作挑戰來自於我們得呈現兩盤一模一樣的作品，也就是份量跟品質都要拿捏好。在我自覺自己的作品還不錯的隔一天，Chef 問我「妳覺得自己這次做得怎麼樣？」我都沒發現我居然拿了兩個不同大小的盤子做呈現，天啊！這是一個太嚴重的錯誤，擺盤大大扣分，Chef 還忍不住嘲笑我「妳沒發現擺盤的時候，其中一盤很擁擠嗎？」這就是師丈一直擔

心我的眼睛問題跟視野缺洞可能造成的錯誤！雖然扣分很可惜，但我也只能當是一個讓大家在緊張的氣氛中能夠放鬆的小小貢獻啦！

▲ 中級模擬考一摸一樣的兩盤料理

高級班的實作考試可真的是把我們這 9 個月所學的不論是切工及料理手法，一口氣全用在這一盤作品裡了！

　　讓我數一數我們用了哪些技法，因為整套流程我早就背的滾瓜爛熟。主菜鴨胸，來自一整隻鴨的宰切，特別是「王冠鴨胸法」，去好了鴨胸，先打真空做「舒肥」，一個小時後取出靜置到最後還要「香煎」出金黃色鴨皮。鴨腿的部分做成「絞肉內餡兒」，小心取出兩隻鴨骨頭做「法式剔骨」備用。而在這一切開始前已經先準備好鴨肉派皮的「麵團」放入冰箱冷卻並將甜菜根「削片油炸」再「風乾」，還有紅蔥頭也需要對半切與香料一同「舒肥」。宰切下來的鴨架子骨頭一邊已經自動自發的跟調味蔬菜一起翻炒，熟悉的「醬汁」流程，從加紅酒到小牛高湯已經訓練到可以在無意識的情況下進行。因為意識要集中在派皮內餡兒的製作，裡頭需要的蘋果小丁跟最後擺盤需要的薑絲可是容易漏掉的重要小角色，將派皮捲起後刷蛋液撒南瓜子，並插上乾淨漂亮的鴨骨棒棒糖，靜置後送入「烤箱」，計時 20 分鐘。還有還有別忘了「白醬炸物」的準備，炒熟蘑菇與紅蔥頭後切碎再冷卻，製作白醬與之混合後「過三關」，也就是沾上麵粉、蛋液及麵包粉後放進油炸鍋。我的頭腦裡太多元素需要計時，太多元素需要同時監控，真是眼腦手腳平衡的好訓練，確定好廚子不會得到老年癡呆。這時候發現還有一碗豌豆需要跟雞高湯烹煮後製成細緻的「豌豆泥」，這時候從烤箱取出的鴨肉派也已經靜置好可以切片。

　　終於來到最後階段，回頭處理主菜鴨胸的香煎。已經完成

的部分，也必須確保維持溫度的緊靠在爐火邊。你們知道什麼氣氛讓人緊張嗎？因為我是最後一組進廚房，意思是這兩個小時的過程中，陸續有同學完成作品開始清理工作台，可以感受到某些同學因為漏掉一樣元素或是某部分做得不夠完美而發出各種惋惜跟催促的聲音，當然也有順利自信又開心的笑聲，雖然整場考試是不能交談跟說話的，但是每位同學的動作跟穿梭在廚房前後行走的速度，帶動的氣流讓一分一秒倒數逼近的我開始緊張了。再想一次，盤子裡每一樣元素都完成了嗎？好的，剩下 12 分鐘，表示我有 7 到 12 分鐘的時間交作品，開始熱盤子，準備切鴨胸，切鴨肉派後開始擺盤。最後的倒數只能留在心中，不再看時鐘，埋頭專心完成。一步一步冷靜清楚的完成，將兩盤一模一樣的作品交到主廚台上。Chef 看著時鐘寫下了一小時 57 分的正確完美時間，讓我簽名，終於鬆了一大口氣。Chef 用他滿意的眼神給了我一個最直接的鼓勵，我感動的含著眼淚回應他一個大大的微笑。心裡想「我沒有讓你失望，一個比你老了一輪的料理小白，只帶著熱情來到藍帶，是 Chef 你實現了你的承諾 All they need is just passion, we will teach them everything else. 讓我走到今天，這一分鐘，這一秒鐘，我不再是料理小白，而是真正有自信的藍帶美廚啊！謝謝你！」

考試完的隔一天就可以領到這一期的總成績單，也會各別跟 Chef 有對談的時間。完全沒有預期到自己整學期的總分居然高過班級平均分數，Chef 又誇張的用了兩個英文字 massively improved 巨大的進步，我還是謙虛的說是因為一開

▲ 高級模擬考作品

始太差太差了啦！謝謝開始的差，也謝謝過程的進步，才有今天的小貝。從一片混亂永遠落後，逐漸的站穩步伐迎頭趕上，其實我從來不要跟任何人比，58歲的小貝是跟57歲的自己比，老了一歲，但進步了一大截！

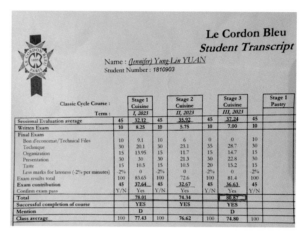

Le Cordon Bleu
Student Transcript

Name : (Jennifer) Yung-Lin YUAN
Student Number : 1810903

Classic Cycle Course :		Stage 1 Cuisine		Stage 2 Cuisine		Stage 3 Cuisine		Stage 1 Pastry
Term :		I, 2023		II, 2023		III, 2023		
Sessional Evaluation average	45	32.12	45	35.92	45	37.24	45	
Written Exam	10	8.25	10	5.75	10	7.00	10	
Final Exam								
Bon d'economat/Technical Files	10	9.1	10	6	0	0	10	
Technique	30	20.1	30	23.1	35	28.7	30	
Organization	15	13.95	15	11.7	15	14.7	15	
Presentation	30	30	30	21.3	30	22.8	30	
Taste	15	10.5	15	10.5	20	15.2	15	
Less marks for lateness (-2% per minutes)	-2%	0	-2%	0	-2%	0	-2%	
Exam results total	100	83.65	100	72.6	100	81.4	100	
Exam contribution	45	37.64	45	32.67	45	36.63	45	
Confirm exam pass	Y/N	Yes	Y/N	Yes	Y/N	Yes	Y/N	
Total		78.01		74.34		80.87		
Successful completion of course		YES		YES		YES		
Mention		D				D		
Class average	100	77.43	100	76.62	100	74.80	100	

➤ 高級成績

➤ 高級證書

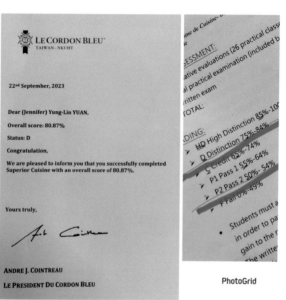

LE CORDON BLEU
TAIWAN · NKUHT

22nd September, 2023

Dear (Jennifer) Yung-Lin YUAN,

Overall score: 80.87%

Status: D

Congratulation,

We are pleased to inform you that you successfully completed Superior Cuisine with an overall score of 80.87%.

Yours truly,

ANDRE J. COINTREAU
LE PRESIDENT DU CORDON BLEU

...me de Cuisine...
...SSESMENT:
...ative evaluations (26 practical class...
...al practical examination (included b...
...written exam
...TOTAL:
...DING:
HD High Distinction 85%-100...
D Distinction 75%-84%
C Credit 65%-74%
P1 Pass 1 55%-64%
P2 Pass 2 50%- 54%
F Fail 0%-49%
• Students must a...
in order to pa...
gain to the r...
The writte...

PhotoGrid

19
人生中眞正讓人戴高帽子的畢業典禮

　　師丈常說「小貝嘴巴最甜，最會給老公灌迷湯。老公一開心，再怎麼辛苦的願望都幫老婆達成。」「有嗎？我都是實話實說而已！才不是給你戴高帽子呢！」哈哈，現在我還真的期待藍帶這一頂高帽子呢！確定不是灌迷湯，而是我們9個月流血、流汗、上刀山、下油鍋換來的高帽子！

　　平時大家眼中的同學都是全身包裹白色廚服，頭髮藏在廚帽裡的乾淨模樣，從第一天學生事務處就交代「不能化妝，不能戴假睫毛，不能做美甲……」，一堆的不能，就是乾乾淨淨的一張臉跟一雙手進廚房。是

▲ 師丈與戴高帽的我
（感謝台灣藍帶授權照片之使用）

的，這麼密集緊湊又戰鬥的課，哪有心思打扮自己。每天下課，小貝已經披頭散髮全身累癱，南台灣的熱天氣，幾乎永遠的 T 恤跟短褲上下學，9 個月下來，直到畢業典禮這一天，我們終於脫下廚服，換上漂亮的小禮服，踏著高跟鞋，期待著藍帶徽章。那可真的是名符其實的藍色絲帶跟銀色勳章，還有象徵廚房地位的「高高高」帽子。

Chef 每三個月就會接觸一個新的班級，從 2016 年招生到現在，他不記得帶過多少學生了。但他非常真誠地說：「你們是很有趣的一班，陪我度過了許多歡樂的時光，從開始的程度不平均到最後每一位都很棒，常常一堂課下來的作品都讓我很

▲ 上台領證書獎牌與高帽（感謝台灣藍帶授權照片之使用）

▲ 表藍帶的藍玫瑰（感謝台灣藍帶授權照片之使用）

滿意。我也很驕傲你們之中有人已經獲得米其林星級法餐的工作機會，也知道有些同學會繼續學習甜點甚至到法國巴黎母校參加其他的課程。不論今後你們走到何處，在廚房裡端出什麼料理，都要記得用『愛』料理，用『心』料理，那將會是最美最棒的料理！恭喜你們！」

我代表學生獻花，我們選了一束進口的藍色玫瑰，跟藍帶的藍巧妙融合在一起，讓 Chef 看看我們從擺盤學到的藝術感是不是也運用在生活當中呢？

學校播放著我們 9 個月以來的影片剪輯，看到自己開學日穿著短褲露出一大片燙傷傷口的笨拙模樣，再看看同學們現在有自信的臉龐，9 個月真的讓我們煥然一新！大家在影片裡感謝了家人跟同學，我也說了「要學最棒的料理，要跟最棒的學校，最棒的主廚學，那就是藍帶，謝謝藍帶！」

　　師丈領著我到每一桌跟每位同學謝謝，謝謝這 9 個月，大家的包容與鼓勵，還有無數的幫助。想當初快要撐不下去，同學們勸我暫時休息免得被退學，到今天有著還不錯的成績一起畢業，都為我感到高興與驕傲，他們也都知道我背後有著這位承受我不計代價辛苦的師丈，才是我再受挫折也願意接受挑戰與繼續進步的信心來源。天上的爸爸媽媽始終陪在我的身邊，長住在我的心裡，這一天我領高帽，也有袁家代表小姑姑，也有葉家代表小阿姨，還有好多家人好朋友遠道南下為我鼓掌。這是一個將近一甲子 60 歲的女人為了自己不計代價的夢想，南北高鐵奔波，受傷不叫痛，辛苦不叫累的故事。如果你心中也有一個心願，一個目標，如果你願意大聲的說出來，沒有一個「可是」，只先想像並感受達成後的喜悅，這個世界就會為你而改變，就會有同頻共振的貴人們出現，你就會有無比的勇氣與動力讓你越挫越勇，謝謝一年前的那本舊書，「心想事成」的感覺真是太美好了！

▲ 感謝支持我的親友們（感謝台灣藍帶授權照片之使用）

MEMO

國家圖書館出版品預行編目資料

藍帶美廚小貝 58 夢想成真 / 袁小貝著 . -- 初版 . --
臺北市：博客思出版事業網, 2024.05
　面；　公分 . -- (飲食文化；3)
ISBN 978-986-0762-81-5(平裝)

1.CST: 袁小貝 2.CST: 傳記

783.3886　　　　　　　　　　113003894

飲食文化 3

藍帶美廚小貝 58 夢想成真

作　　　者：袁小貝
美　　　編：涵設
封面設計：涵設
執行編輯：張加君
校　　　對：古佳雯、沈彥伶、楊容容
出　　　版：博客思出版事業網
地　　　址：臺北市中正區重慶南路 1 段 121 號 8 樓 14
電　　　話：(02)2331-1675 或 (02)2331-1691
傳　　　真：(02)2382-6225
E-MAIL：books5w@gmail.com、books5w@yahoo.com.tw
網路書店：http://bookstv.com.tw/
　　　　　　http://store.pchome.com.tw/yesbooks/
　　　　　　https://shopee.tw/books5w
　　　　　　博客來網路書店、博客思網路書店
　　　　　　三民書局、金石堂書店
經　　　銷：聯合發行股份有限公司
電　　　話：(02)2917-8022　　傳　　真：(02)2915-7212
劃撥戶名：蘭臺出版社　　　帳　　號：18995335
香港代理：香港聯合零售有限公司
電　　　話：(852)2150-2100　　傳　　真：(852)2356-0735
出版日期：2024 年 5 月初版
定　　　價：新臺幣 410 元整
ISBN：978-986-0762-81-5 (平裝)